APPRENDRE À VIVRE avec la bronchite chronique ou l'emphysème pulmonaire

La maladie pulmonaire obstructive chronique et la réadaptation respiratoire

Roger Belleau, MD
Chantal Bérubé, physiothérapeute
Marie-Claude Fournier, infirmière
Jean-Claude Bellavance, travailleur social
Hélène Leclère, MD

Les Presses de l'Université Laval
1999

Les Presses de l'Université Laval reçoivent chaque année de la Société de développement des entreprises culturelles du Québec une aide financière pour l'ensemble de leur programme de publication.

CANADA Nous reconnaissons l'aide financière du gouvernement du Canada par l'entremise de son Programme d'aide au développement de l'industrie de l'édition (PADIÉ) pour nos activités d'édition.

Données de catalogage avant publication (Canada)

Apprendre à vivre avec la bronchite chronique ou l'emphysème pulmonaire : la maladie pulmonaire obstructive chronique et la réadaptation respiratoire

ISBN 2-7637-7664-7

1. Poumons – Maladies obstructives – Patients – Réadaptation. 2. Bronchite – Patients – Réadaptation. 3. Emphysème pulmonaire – Patients – Réadaptation. I. Belleau, Roger.

RC776.O3A66 1999 616.2'4 C99-940635-3

2e tirage: 2000

Illustrations : Suzette Patry
Cécile Bilodeau

Infographie : Diane Trottier
Maquette de couverture : Chantal Santerre

Imprimé au Canada
Dépôt légal 2e trimestre 1999
ISBN 2-7637-7664-7

Distribution de livres Univers
845, rue Marie-Victorin
Saint-Nicolas (Québec)
Canada G7A 3S8
Tél. (418) 831-7474 ou 1 800 859-7474
Téléc. (418) 831-4021
http://www.ulaval.ca/pul

Nous dédions ce manuel à Rhéal Chabot et à Pierrette Dagneau qui ont été, par leur détermination, leur courage et leur persévérance, une source d'inspiration pour les membres de l'équipe multidisciplinaire de réadaptation et pour leurs nombreux amis qui, comme eux, souffrent de maladie pulmonaire chronique.

Les opinions exprimées dans cet ouvrage n'engagent que les auteurs. L'équipe de rédaction décline toute responsabilité pour les dommages subis par quiconque aurait négligé de consulter son médecin avant d'appliquer les conseils donnés dans ce manuel.

Le contenu de ce volume sur la réadaptation respiratoire du malade pulmonaire chronique a été approuvé par l'Association pulmonaire du Québec et par la Société de thoracologie du Québec.

TABLE DES MATIÈRES

Remerciements VIII

Avant-propos IX

Chapitre I

Comment est constitué et comment fonctionne notre appareil respiratoire ? ... 1

1. À quoi servent nos poumons ? 1
2. Comment est constitué l'appareil respiratoire ? 1
3. Comment fonctionnent nos poumons ? 3

Chapitre II

Qu'est-ce que la maladie pulmonaire obstructive chronique et comment se manifeste-t-elle ?

1. Maladie pulmonaire obstructive chronique : bronchite chronique et emphysème 5
    - Que signifie maladie pulmonaire obstructive chronique ou MPOC ? 5
    - Qu'est-ce que la bronchite chronique ? 5
    - Qu'est-ce que l'emphysème pulmonaire ? 7
    - Les causes de la MPOC 8
2. Comment la maladie pulmonaire obstructive chronique se manifeste-t-elle ? 8
3. Comment fait-on le diagnostic de la maladie pulmonaire obstructive chronique ? 10
    - Histoire et examen physique 10
    - Radiographie pulmonaire 11
    - Tests de fonction respiratoire 11
    - Analyse du sang artériel 12
    - Oxymétrie 12
    - Épreuve d'effort 13

Chapitre III
Comment la prévention et la médication
aident-elles à contrôler votre maladie ? 15
1. Les outils à notre disposition 15
2. Les mesures préventives 16
3. La médication de base 18
Les bronchodilatateurs 18
Les anti-inflammatoires 20
4. Les autres mesures thérapeutiques 22
Les antibiotiques 22
Les sirops expectorants et les sirops antitussifs 22
L'oxygène 23
Chapitre IV
Comment utiliser votre inhalateur pour
déposer le médicament au bon endroit ? 25
1. L'aérosol-doseur 26
2. L'aérosol-doseur avec chambre d'inhalation 27
3. Le Turbuhaler[MD] 29
4. Le Diskus 30
5. L'Aerolizer 31
6. Le nébuliseur 32
7. Comment prendre plusieurs médicaments en aérosol ? 32

Chapitre V
Comment les exercices peuvent-ils vous aider à maîtriser votre respiration
et à améliorer votre tolérance à l'effort ? 33
1. Pourquoi faire de l'exercice ? 33
2. Les exercices respiratoires 34
Contrôler votre respiration 34
Dégager vos voies respiratoires des sécrétions 35
Apprivoiser une crise d'essoufflement 36
Adopter des positions de détente 36
3. Le programme de conditionnement physique 38
Le réchauffement 38
Les étirements 40
Les exercices de renforcement 41
Les exercices cardiovasculaires 43
La mesure de l'effort : l'échelle de Borg modifiée 45

Chapitre VI
Comment économiser votre énergie au quotidien ? 47
1. Faire votre toilette sans vous épuiser et en sécurité 47
2. Préparer vos repas avec plus de facilité et moins de fatigue 49
3. Ne faire que le ménage nécessaire 50
4. Faire des sorties agréables et sans peur 51

Chapitre VII
Comment maîtriser vos émotions ? 53
1. L'anxiété, la peur 53
2. L'état dépressif 54
3. La diminution de l'estime de soi et l'atteinte de l'image corporelle 55
4. L'isolement social 56
5. Les émotions de ceux que vous aimez et qui vous entourent 57

Chapitre VIII
Pourquoi et comment vous détendre ? 61
Pourquoi savoir relaxer ? 61
Une méthode de relaxation 62

Chapitre IX
Comment bien vous alimenter pour mieux respirer ? 63
Cesser de maigrir pour conserver votre énergie 63
Avoir moins d'air dans l'estomac pour en mettre plus dans vos poumons ! 63
Regarder vos pieds pour surveiller votre cœur ! 64
Perdre du poids pour économiser votre souffle 65

Chapitre X
Comment vivre votre sexualité ? 67
Une histoire d'amour 67

Annexes
Les services offerts aux personnes atteintes de maladies respiratoires 72
Des aide-mémoire à afficher
Le réchauffement 73
Les étirements 75
Les exercices de renforcement 77
L'échelle de Borg modifiée pour mesurer votre effort 81
Une méthode de relaxation 83
Le tableau récapitulatif des médicaments 85

REMERCIEMENTS

Nous remercions très sincèrement tous ceux qui ont collaboré de près ou de loin à la réalisation de ce manuel, en particulier les Drs Louis-Philippe Boulet et François Maltais ainsi que madame Hélène Boutin pour leur aide à la révision du contenu de cet ouvrage. Nous aimerions également remercier madame Martine Fortin pour son assistance en secrétariat.

Nous désirons également exprimer notre gratitude à *GlaxoWellcome* pour le soutien financier apporté à cette publication.

AVANT-PROPOS

Ce livre est destiné aux nombreux malades qui souffrent d'emphysème ou de bronchite chronique et qui sont limités dans leurs activités en raison d'un essoufflement persistant. Il s'adresse aussi à leurs proches. Il est le fruit de l'expérience que nous avons acquise depuis la mise sur pied du Programme de réadaptation respiratoire à l'Hôpital Laval en 1992. Ce modèle d'intervention multidisciplinaire tente de répondre aux difficultés physiques, mais aussi aux problèmes psychologiques et sociaux que vivent ces malades.

Comme la réadaptation respiratoire est peu accessible dans nos milieux, il nous a semblé important de publier ce guide dans lequel les nombreux malades handicapés par un problème respiratoire grave et chronique trouveront les informations et les conseils nécessaires pour « apprendre à mieux vivre avec leur maladie ». Nous espérons que cet ouvrage facilitera les interventions des professionnels de la santé qui les soignent.

Enfin, comme nous attachons une importance capitale au soutien et à l'aide des proches dans le processus de réadaptation, cet ouvrage a été conçu pour faciliter la participation des personnes qui accompagnent le malade.

Nous n'insisterons jamais assez sur la place de l'activité physique dans la réadaptation respiratoire. Parmi les interventions proposées dans ce manuel, c'est l'exercice qui est le plus susceptible de faciliter les activités de la vie quotidienne. Tout doit être mis en œuvre pour que le malade intègre l'activité physique dans sa vie de tous les jours. Meilleure est la condition physique, meilleure sera la qualité de vie.

Nous nous faisons le porte-parole de tous les professionnels participant à nos programmes de réadaptation respiratoire : personnel infirmier, inhalothérapeutes, physiothérapeutes, éducateurs physiques, ergothérapeutes, nutritionnistes, travailleurs sociaux et médecins. Sans eux cet ouvrage n'aurait pas été possible.

CHAPITRE I

COMMENT EST CONSTITUÉ ET COMMENT FONCTIONNE NOTRE APPAREIL RESPIRATOIRE ?

Pour mieux se soigner et apprendre à vivre avec sa maladie, il faut d'abord mieux la connaître et mieux la comprendre. Nous verrons dans ce chapitre comment sont faits et comment fonctionnent nos poumons.

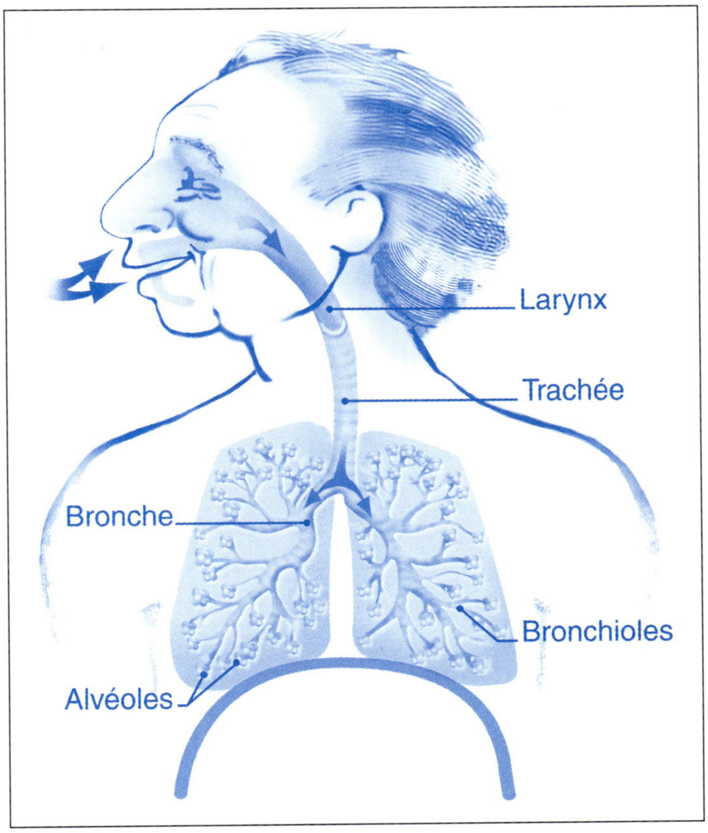

1. À quoi servent nos poumons ?

Les poumons sont indispensables car ils permettent d'apporter aux tissus **l'oxygène**, essentiel au fonctionnement de toutes nos petites cellules, et d'éliminer le **gaz carbonique**, déchet produit par notre organisme. Lorsque nos poumons sont incapables de remplir ces deux fonctions essentielles, les cellules manquent d'oxygène et le gaz carbonique s'accumule dans le sang et les cellules. On a beau dire que le cœur est bien important, sans poumons il ne bat pas longtemps !

2. Comment est constitué l'appareil respiratoire ?

À chaque respiration, l'air entre par la bouche ou par le nez, passe dans le larynx pour atteindre la trachée et les bronches, puis les bronchioles pour enfin pénétrer dans les millions d'alvéoles pulmonaires. C'est dans les alvéoles qu'ont lieu les échanges gazeux entre l'air et le sang : l'oxygène passe de l'alvéole dans le sang et le gaz carbonique passe du sang dans l'alvéole.

Vous voyez que la route est longue entre le nez et les alvéoles.

La cage thoracique est formée de douze paires de côtes qui s'articulent avec la colonne vertébrale en arrière et le sternum en avant. Pour se dilater lors de l'inspiration, plusieurs muscles sont mis à contribution :

- les muscles intercostaux,
- les muscles du cou,
- le diaphragme.

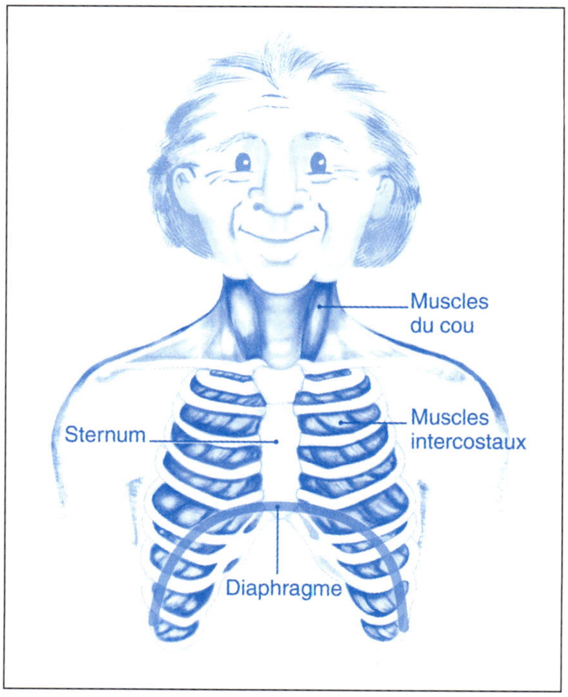

Le diaphragme, qui tient le plus grand rôle, est une sorte de paroi interne qui sépare le contenu du thorax de celui de l'abdomen.

Vous voyez que respirer demande de bons muscles, mais aussi que les muscles demandent beaucoup d'énergie.

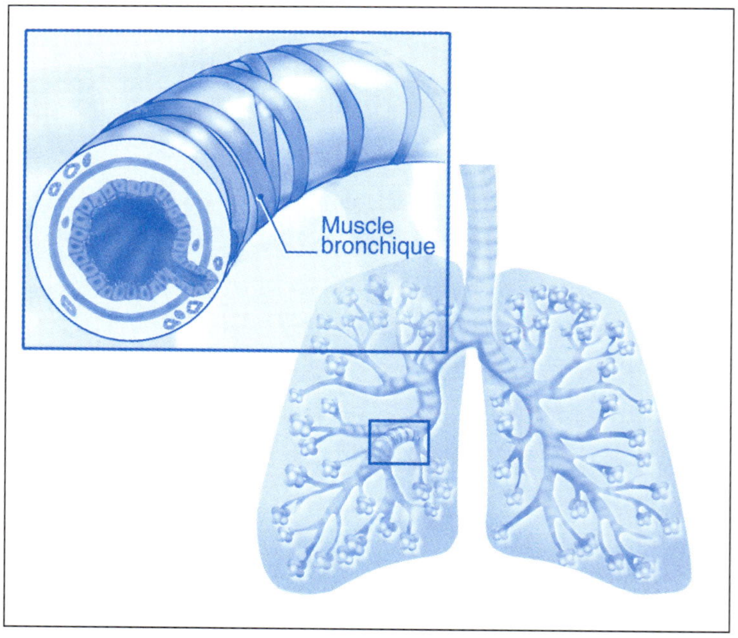

Les bronches sont entourées de **muscles** très minces qui peuvent se contracter et, ainsi, rendre le passage de l'air plus difficile. Quand ils se contractent tous en même temps, l'air pénètre moins facilement dans les alvéoles.

C'est exactement ce qui se passe chez quelqu'un qui fait une crise d'asthme sévère.

La paroi des bronches contient des **glandes** qui sécrètent du mucus. Les cellules qui couvrent l'intérieur des bronches possèdent des **cils**. Le mucus et les cils ont pour fonction de nettoyer les bronches : le mucus absorbe les impuretés et les cils acheminent le mucus vers la bouche.

Le mucus et les cils forment un bon tandem. Trop de mucus et moins de cils entravent le nettoyage des bronches.

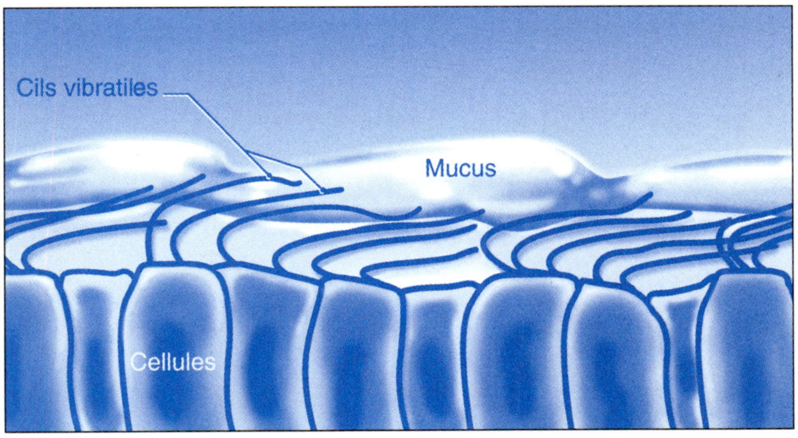

3. Comment fonctionnent nos poumons ?

Afin de permettre l'entrée et la sortie de l'air dans nos poumons, on utilise nos muscles respiratoires, dont le diaphragme qui est le plus important. En se contractant, le diaphragme refoule les organes abdominaux et augmente le diamètre inférieur du thorax, ce qui agrandit la cage thoracique et favorise l'entrée de l'air dans les voies respiratoires : c'est l'inspiration. Lorsque le diaphragme se relâche, l'inverse se produit et l'air sort des poumons : c'est l'expiration.

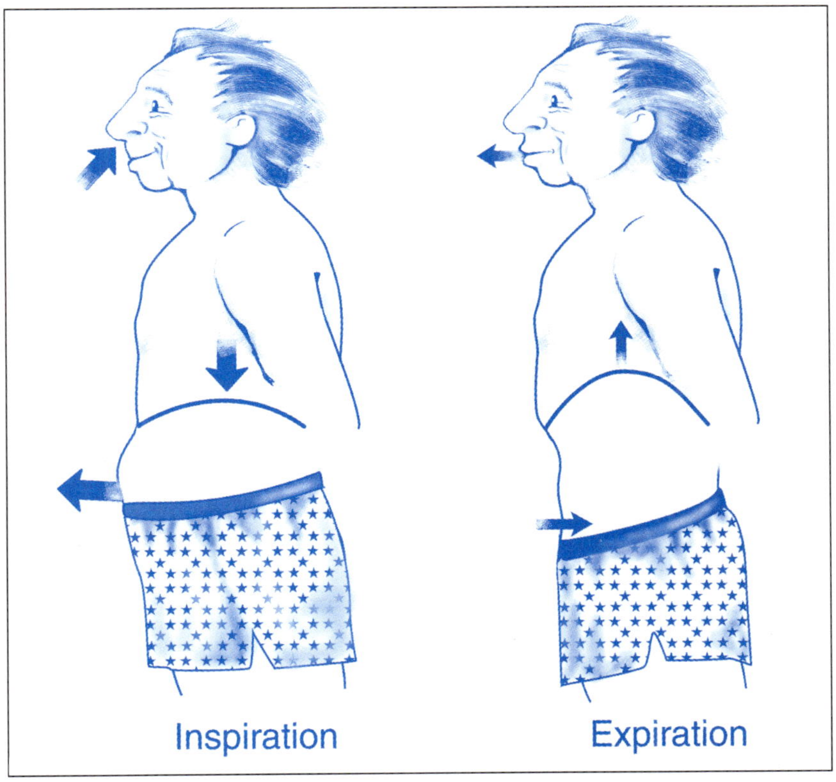

Vu le rôle essentiel du diaphragme dans la respiration, on peut comprendre que, lorsque les organes intra-abdominaux « prennent trop de place » (graisse, **estomac trop plein**, intestin dilaté), la mobilité du diaphragme est limitée, donc la respiration devient plus difficile.

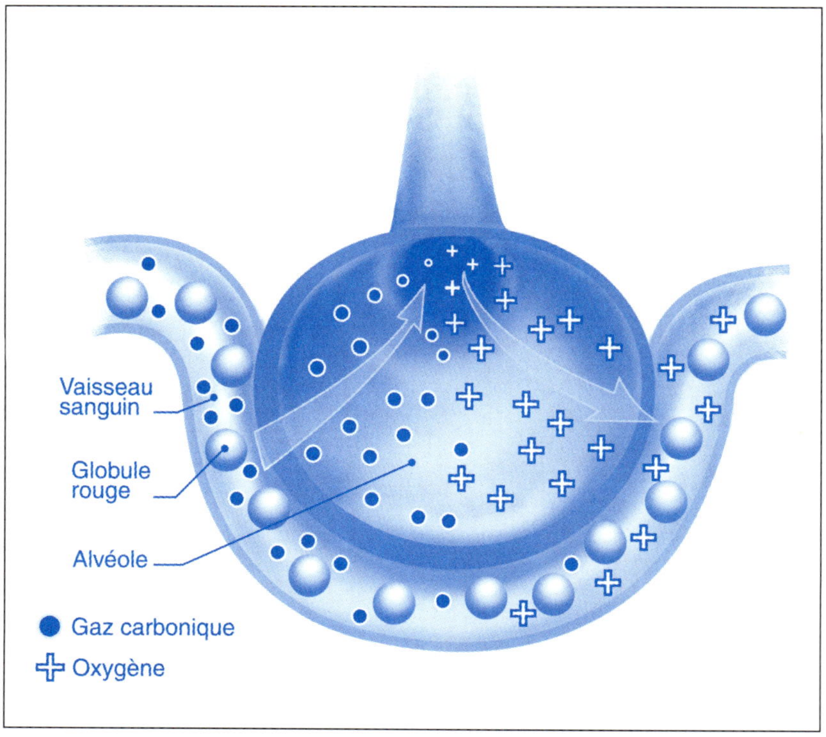

Lors de l'**inspiration**, les molécules d'oxygène atteignent l'alvéole, traversent la paroi alvéolaire et la paroi du vaisseau sanguin pour s'introduire dans les globules rouges qui, eux, transportent l'oxygène dans tout l'organisme. Par ailleurs, les molécules de gaz carbonique provenant des cellules de toutes les parties du corps s'acheminent dans les veines jusqu'aux alvéoles où elles traversent à leur tour la paroi du vaisseau et celle de l'alvéole pour être rejetées à l'extérieur, lors de l'**expiration**.

CHAPITRE II

QU'EST-CE QUE LA MALADIE PULMONAIRE OBSTRUCTIVE CHRONIQUE ET COMMENT SE MANIFESTE-T-ELLE ?

I. Maladie pulmonaire obstructive chronique : bronchite chronique et emphysème

Que signifie le terme maladie pulmonaire obstructive chronique ou MPOC ?

La bronchite chronique et l'emphysème sont les deux maladies qu'on appelle maladie pulmonaire obstructive chronique. On les retrouve fréquemment toutes deux chez le même malade.

Le qualitatif **OBSTRUCTIVE** fait référence à la difficulté du passage de l'air dans les bronches, principalement lors de l'expiration. Cette obstruction est due à plusieurs phénomènes :

1. **l'œdème ou gonflement de la muqueuse de la paroi des bronches ;**
2. **l'augmentation des sécrétions dans les bronches ;**
3. **la contraction exagérée des muscles de la paroi des bronches ;**
4. **la perte d'élasticité de la paroi des bronches qui, de ce fait, se referment trop facilement.**

Qu'est-ce que la bronchite chronique ?

Lorsque quelqu'un fait de la bronchite chronique, on entend dire familièrement qu'il est « bronchite ». On sait qu'il tousse beaucoup trop, qu'il crache ou se retient de cracher et qu'il manque de souffle. C'est exact, mais pourquoi présente-t-il ces symptômes ? Parce qu'il a une inflammation chronique de ses bronches. Regardons ensemble ce qu'il en résulte.

☐ Inflammation chronique de la paroi interne des bronches

Action	Réaction
• Les bronches sont irritées par la fumée de cigarette, par exemple.	• Les glandes de la paroi augmentent de volume et produisent plus de mucus, d'où : → obstruction ; → toux et expectorations.
• À la longue, la muqueuse est constamment enflammée.	• La couche superficielle des bronches est détruite. • Les cils qui aident à évacuer les sécrétions se font rares, d'où : → mauvais nettoyage ; → grande susceptibilité aux infections.
• L'inflammation rend les bronches très sensibles à tous les irritants (pollution, changement de température, etc.).	• Les petits muscles de la paroi des bronches se contractent, d'où : → obstruction supplémentaire.

Augmentation des sécrétions bronchiques → **Obstruction bronchique**
Diminution du calibre des bronches → **Obstruction bronchique**

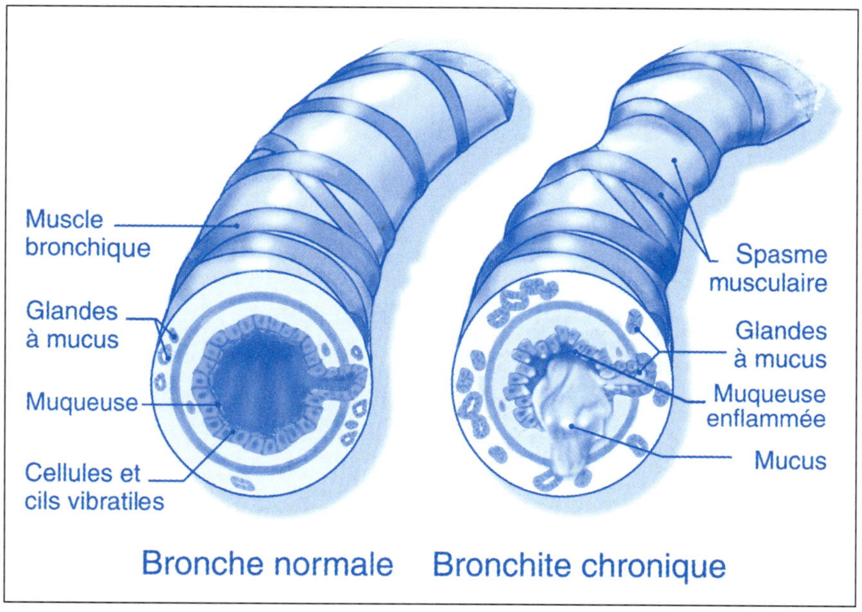

Le malade respire en permanence avec des bronches de plus petit calibre, un peu comme s'il respirait à l'aide d'une paille : l'air passe mal. Il doit faire des efforts pour remplir et pour vider ses poumons. Quand il fait un effort, il ne parvient pas à surmonter l'obstruction assez vite pour prendre plus d'air ; il force : il est essoufflé. On parlera souvent de dyspnée, ce qui veut tout simplement dire qu'il a de la difficulté à respirer.

Qu'est-ce que l'emphysème pulmonaire ?

Le terme « emphysème pulmonaire » est moins répandu dans le langage courant. Souvent, on dira à tort des emphysémateux qu'ils sont « des bronchitiques chroniques ». Il ne s'agit pourtant pas de la même maladie. Dans l'emphysème, on observe une dilatation des alvéoles du poumon avec DESTRUCTION de la paroi des alvéoles.

Dans le chapitre I, on a volontairement omis de parler de l'élasticité des poumons, car c'est ici que cette notion est vraiment utile. Représentez-vous que les alvéoles sont des milliards de petites bulles qui se gonflent à chaque inspiration et se dégonflent à chaque expiration. Pour bien se vider, les parois des alvéoles doivent avoir gardé leur élasticité.

Dans l'emphysème, on assiste à une perte de l'élasticité du poumon, et celui-ci est alors désormais incapable de se vider complètement. Il ressemble un peu à un vieux ballon qui, à force d'être gonflé, devient mou et se vide difficilement. Dans l'emphysème, une grande quantité d'air demeure emprisonnée dans les poumons. De plus, les petites bronches ont tendance à se fermer avant la fin de l'expiration, ce qui contribue aussi à emprisonner l'air dans les alvéoles.

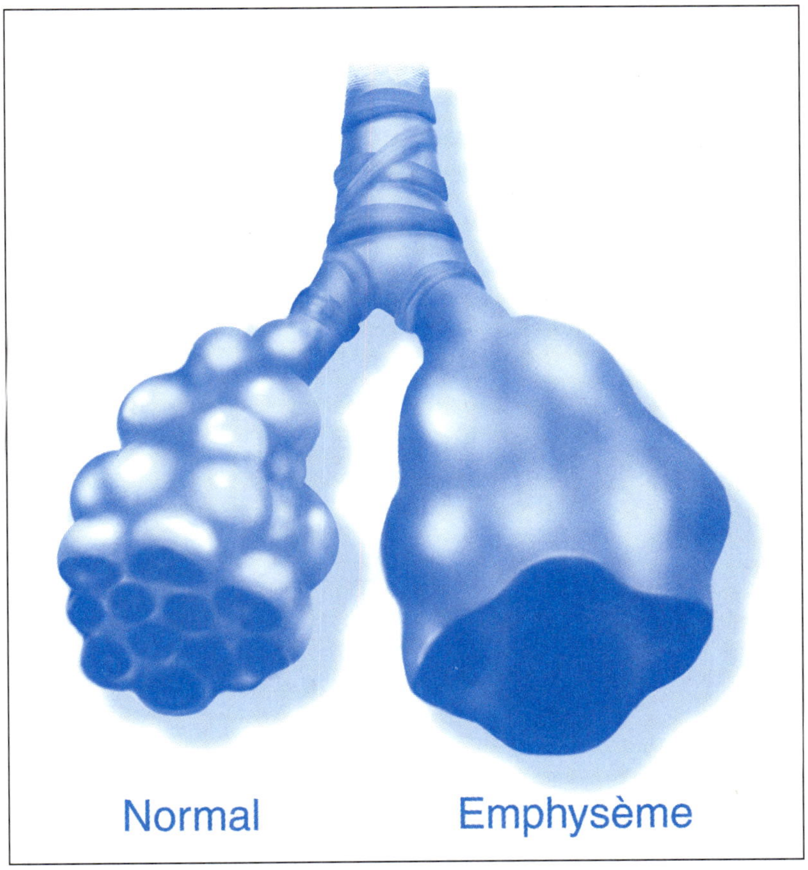

Perte d'élasticité du poumon :
- **Diminution du calibre des bronches**
- **Rétention exagérée d'air dans la cage thoracique**

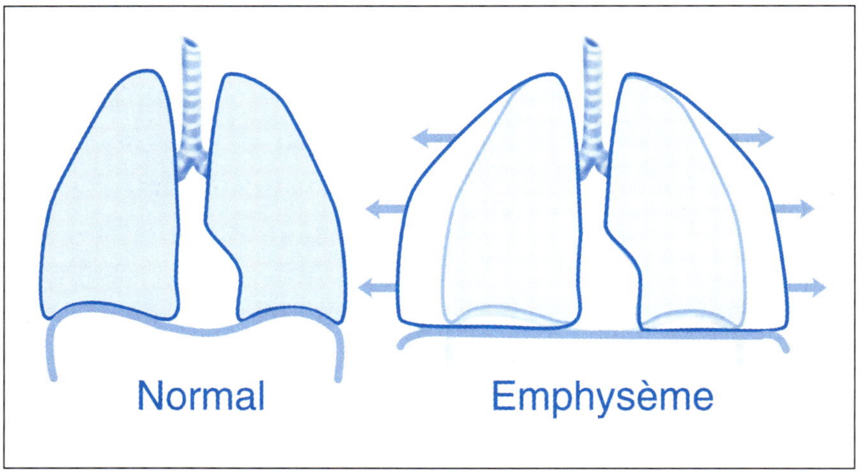

La rétention d'air a pour effet d'augmenter le volume du thorax, d'abaisser le diaphragme et de rendre les muscles respiratoires moins efficaces ; puisque le thorax reste toujours dilaté, l'amplitude des mouvements de la cage thoracique est très diminuée.

Quelles sont les causes de la maladie pulmonaire obstructive chronique ?

1. **le tabac dans 85 % à 90 % des cas ;**
2. la pollution atmosphérique et professionnelle ;
3. les infections pulmonaires chroniques ou répétées ;
4. une anomalie génétique, l'emphysème familial, qui est toutefois une cause rare.

2. Comment la maladie pulmonaire obstructive chronique se manifeste-t-elle ?

D'après votre propre expérience, et en considérant ce que l'on vient de dire sur les MPOC, vous pouvez sans doute faire la liste des symptômes :

____

____

____

Eh oui !

- la **toux** qui parfois vous empêche même de dormir ;
- les **expectorations** qui vous rendent bien malheureux ;
- la **respiration sifflante** qui vous dit que vos bronches sont serrées ;
- l'**essoufflement**, d'abord pour un effort important puis, progressivement, pour des efforts de plus en plus petits.

Lorsque la maladie devient plus sévère, le manque de souffle incite le malade à éviter les activités qui exigent un effort physique. Il s'ensuit une mauvaise forme physique et une perte d'énergie qui conduisent de plus en plus à l'inactivité. Dans le chapitre V, nous verrons comment les exercices physiques peuvent vous aider à contrôler votre respiration et à accroître votre tolérance à l'effort.

Ces répercussions sur la forme physique et sur la résistance affectent considérablement la qualité de vie. Pour mieux s'y adapter, nous verrons dans le chapitre VI comment économiser votre énergie lors des activités de la vie quotidienne.

L'adaptation à ces limitations est parfois difficile, de sorte que se greffent à la maladie elle-même des sentiments douloureux, tels que l'anxiété, la gêne vis-à-vis des autres, l'isolement, la colère... Dans le chapitre VII, on réfléchira ensemble sur ce qui semble le plus difficile à vivre avec cette maladie.

Le cercle vicieux de la maladie pulmonaire obstructive chronique illustre bien l'interdépendance des différentes manifestations physiques, psychologiques et sociales de la maladie.

LE CERCLE VICIEUX DE LA MALADIE PULMONAIRE OBSTRUCTIVE CHRONIQUE

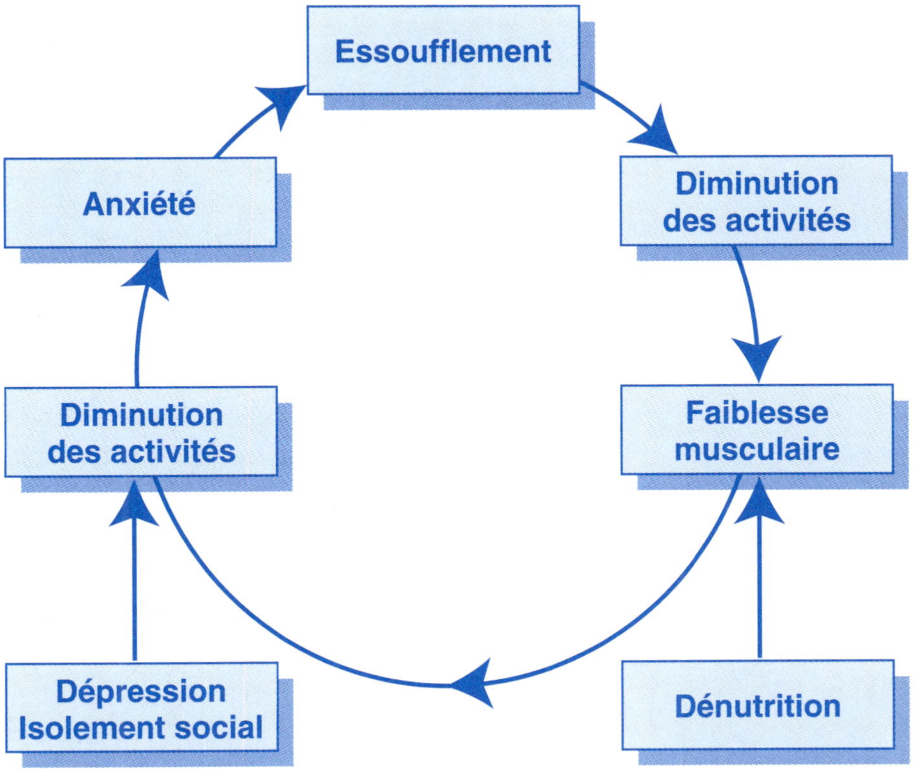

Enfin, la maladie n'affecte pas que le malade ; elle afflige aussi ceux qui vivent avec lui ou qui lui sont proches. Il en sera question dans les trois derniers chapitres.

Chez le malade plus sévèrement atteint, peuvent survenir successivement :

- une insuffisance respiratoire qui se manifeste par :
  - de la cyanose (aspect bleuté des lèvres, de la peau et des muqueuses) ;
  - une tendance à s'endormir facilement ;
  - des maux de tête matinaux.
- une insuffisance cardiaque qui se manifeste par :
  - un gonflement ou œdème des pieds, des chevilles puis des jambes.

3. Comment fait-on le diagnostic de la maladie pulmonaire obstructive chronique ?

Histoire et examen physique

Après vous avoir questionné et examiné, votre médecin aura déjà une excellente idée de la nature de votre problème et de sa sévérité. Il s'informera de vos problèmes de santé passés, de vos habitudes de vie et, surtout, de vos symptômes respiratoires actuels. Il examinera vos poumons afin de déterminer si l'air y pénètre bien et s'il entend, à l'auscultation, des bruits causés par les sécré-

tions ou par la contraction des bronches qu'il appellera probablement bronchospasme. C'est la même chose.

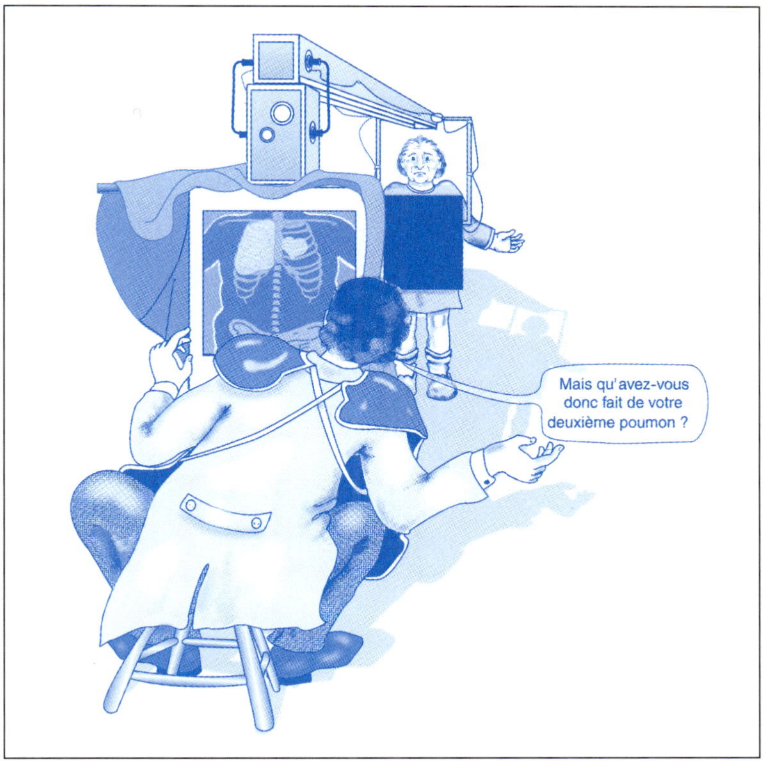

Radiographie pulmonaire

La radiographie des poumons est utile surtout pour bien s'assurer qu'il n'existe pas d'autres anomalies dans votre thorax ou vos poumons. Alors que la bronchite chronique ne donne pas d'images particulières, l'emphysème donne des images assez caractéristiques.

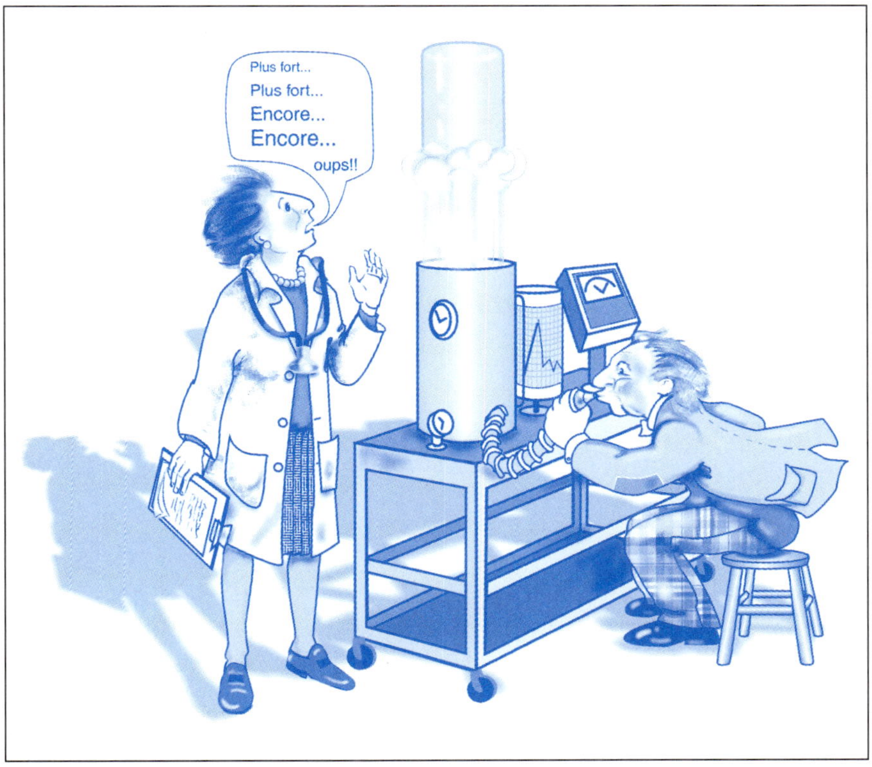

Tests de fonction respiratoire

Si le médecin soupçonne la présence d'une maladie pulmonaire obstructive chronique, il demandera de faire une courbe d'expiration forcée ou spirométrie, car ce test est essentiel pour mesurer le degré d'obstruction des bronches. Une fois le diagnostic établi, il aura besoin de ce test pour adapter votre médication en fonction du résultat de ce simple examen.

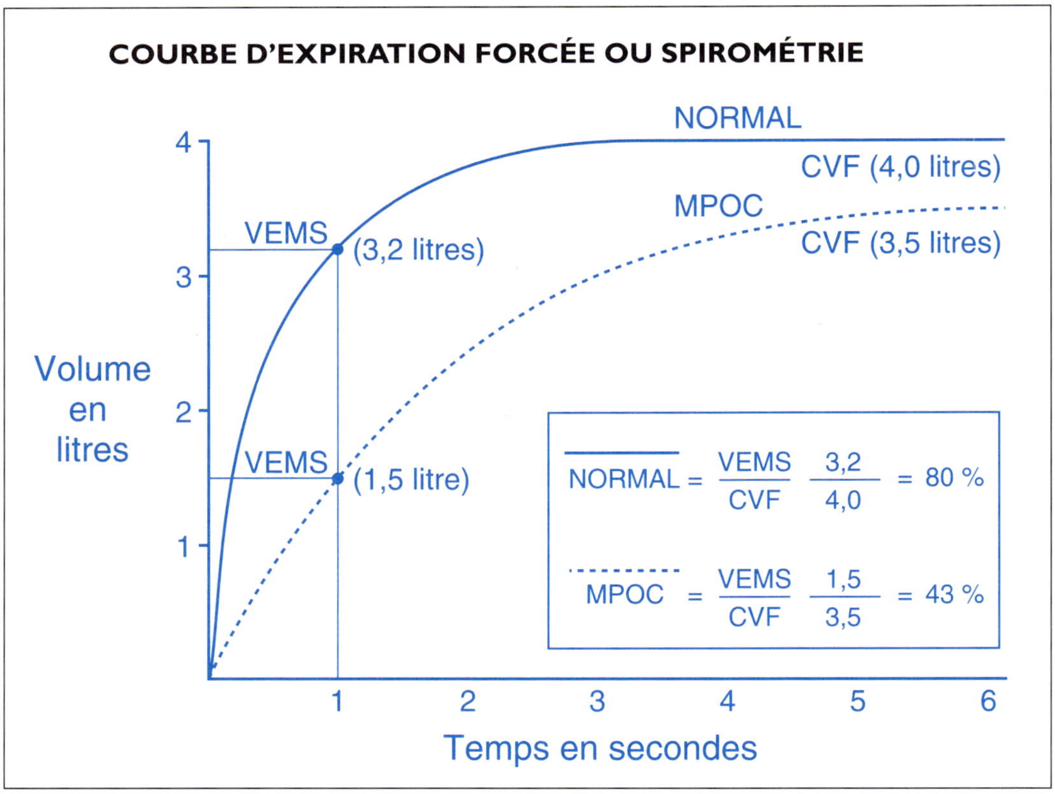

VEMS = Volume d'air expiré durant la première seconde de l'expiration forcée.

CVF = Capacité vitale forcée (ou volume total d'air expiré).

Lors de la spirométrie, on vous demande d'expirer vigoureusement dans un appareil. L'analyse de la quantité d'air que vous avez ainsi expiré et de la vitesse à laquelle il a été expiré informe sur le degré d'obstruction de vos bronches : plus l'obstruction est importante, moins vous expirez d'air en une seconde.

On voit que le malade atteint d'une MPOC a vidé en une seconde seulement 43 % de l'air de ses poumons, alors que le sujet normal en a vidé 80 %.

Analyse du sang artériel

L'analyse du sang prélevé dans l'artère de votre poignet permet de mesurer le taux d'oxygène et de gaz carbonique contenu dans le sang à la sortie des poumons. Cet examen informe avec précision sur la capacité de vos poumons à vous oxygéner et à vous débarrasser du gaz carbonique produit sans arrêt par votre organisme.

Oxymétrie

L'oxymétrie ne mesure que l'oxygène sanguin à l'aide d'un capteur placé sur le bout du doigt ou le lobule de l'oreille. Quoiqu'elle soit moins précise que l'analyse de l'oxygène dans le sang artériel, cette méthode d'évaluation est très valable. Son avantage réside dans la simplicité.

Épreuve d'effort

L'épreuve d'effort mesure la réponse de vos poumons et de votre cœur lorsque vous faites un exercice musculaire qui demande beaucoup d'énergie, donc qui consomme beaucoup d'oxygène et produit beaucoup de gaz carbonique. Elle mesure votre tolérance à l'effort, c'est-à-dire l'intensité de l'exercice que vous pouvez faire en toute sécurité. Grâce aux résultats de cette épreuve, le médecin peut vous prescrire un programme d'exercices adapté à votre condition.

CHAPITRE III

COMMENT LA PRÉVENTION ET LA MÉDICATION AIDENT-ELLES À CONTRÔLER VOTRE MALADIE ?

1. Les outils à notre disposition

- La **prévention** — Vous devez à tout prix protéger vos poumons contre les facteurs qui peuvent augmenter l'inflammation et causer un bronchospasme. En décidant d'adopter certaines mesures préventives, vous maîtriserez mieux vos difficultés respiratoires.
- Les **bronchodilatateurs** — Le traitement que votre médecin vous propose dépend bien sûr de plusieurs facteurs, dont la sévérité de votre maladie. Pour certains malades, les médicaments qui dilatent les bronches seront suffisants.
- Les **anti-inflammatoires** — D'autres malades auront besoin de médicaments qui diminuent l'inflammation.
- L'**oxygène** — Un taux insuffisant d'oxygène dans votre sang peut amener votre médecin à vous prescrire de l'oxygène.
- Les **antibiotiques** — Enfin, toute infection bronchique ou pulmonaire doit être traitée rapidement.

> Les trois grands outils avec lesquels vous allez apprendre à vivre sont la prévention, les bronchodilatateurs et les anti-inflammatoires.

2. Les mesures préventives

La prévention vise essentiellement à éviter tout ce qui irrite vos bronches et aggrave votre condition pulmonaire, en particulier le tabac et les infections.

Éviter l'exposition à la fumée de tabac

La fumée de cigarette est un irritant puissant qui provoque :

- une **irritation** des voies respiratoires,
- une **augmentation des sécrétions** bronchiques,
- une aggravation de l'**obstruction** des bronches,

ce qui favorise les **infections** respiratoires.

D'où la nécessité :

- de cesser de fumer ;
- d'éviter l'exposition à la fumée des autres ;
- d'éviter les endroits pollués qui d'ailleurs vous incommodent rapidement.

Si vous continuez de fumer, il y a peu de chance que la médication et les autres mesures proposées par votre médecin améliorent sensiblement votre état de santé. Par contre, l'arrêt du tabac diminue la toux, les expectorations et l'essoufflement. On sait maintenant que la durée de vie des malades qui ont cessé de fumer est allongée de façon sensible.

Sachez qu'il n'est jamais trop tard pour cesser de fumer. Si vous échouez une première fois, n'abandonnez pas et essayez de nouveau. Pour vous aider dans cette démarche, consultez votre médecin ou encore contactez le CLSC de votre localité. Des programmes d'aide aux fumeurs qui désirent cesser de fumer sont offerts sur une base individuelle ou en groupe.

Éviter ou prévenir les infections

Évitez de côtoyer les personnes qui ont la grippe ou qui présentent des symptômes d'infection respiratoire. Tous les ans, à l'automne, faites-vous donner un vaccin antigrippal car il peut prévenir les infections respiratoires. Votre médecin vous proposera aussi un vaccin efficace contre le pneumocoque, une bactérie qui cause parfois une pneumonie chez certains malades.

Souvenez-vous que :

- **l'exposition à la fumée de tabac aggrave les symptômes ;**
- **l'arrêt du tabac prolonge la survie, en plus de vous rendre plus fonctionnel ;**
- **les vaccins peuvent prévenir les infections respiratoires.**

3. La médication de base

Les médicaments essentiels se répartissent en deux groupes :

- ceux qui ouvrent les bronches, **les bronchodilatateurs,**
- ceux qui diminuent l'inflammation, **les anti-inflammatoires**.

Ces médicaments sont présentés dans un tableau récapitulatif en annexe.

Les bronchodilatateurs

Les bronchodilatateurs produisent un relâchement des muscles bronchiques et, de ce fait, augmentent le calibre des bronches, de sorte que l'air entre mieux dans les poumons et en sort plus facilement, ce qui diminue l'essoufflement.

Les bronchodilatateurs peuvent être administrés en inhalation sous forme d'aérosols ou en comprimés. Sachez que la prise de bronchodilatateurs en inhalation est plus efficace et cause moins d'effets secondaires.

■ *Les bronchodilatateurs en inhalation*

Il existe deux grandes classes de bronchodilatateurs pris en inhalation : les anticholinergiques et les bêta$_2$-agonistes. Quelques médicaments associent les deux.

- **Les anticholinergiques**
  Atrovent.

L'effet des anticholinergiques débute environ 20 minutes après leur administration et persiste durant 4 à 6 heures. Ces médicaments doivent être pris régulièrement, soit 4 fois par jour. De façon générale, on doit respecter un intervalle minimal de 4 heures entre chaque prise. Cette médication agit localement et cause peu d'effets indésirables car une infime quantité seulement est absorbée dans le système sanguin.

Effets indésirables possibles des anticholinergiques :
- **sécheresse de la bouche ;**
- **goût métallique ;**
- **vue brouillée.**

Chez les hommes souffrant de prostatisme, ces médicaments peuvent causer une rétention urinaire. Les personnes souffrant de glaucome doivent éviter tout contact de ce médicament avec les yeux puisqu'il peut entraîner une aggravation du glaucome.

- **Les bêta$_2$-agonistes**

Comme les produits bêta$_2$-agonistes sont nombreux, commencez par repérer ceux qui vous sont familiers.

- **À courte durée d'action**
  Ventolin, Bérotec, Bricanyl, Maxair, Airomir.

Ces médicaments provoquent un **relâchement** des muscles bronchiques, mais par un mécanisme différent de celui des anticholinergiques. Leur effet se manifeste en moins de 10 minutes et dure de 4 à 6 heures. Cette médication peut être prise de façon régulière 4 à 6 fois par jour ou au besoin.

- **À longue durée d'action**
  Sérévent, Foradil, Oxeze.

Une nouvelle catégorie de bêta$_2$-agonistes dont la durée d'action est de **12 heures** s'est révélée utile chez certains malades pour diminuer le besoin en bêta$_2$-agonistes à courte durée d'action. Il faut bien savoir que cette médication n'est pas destinée au soulagement rapide d'une crise aiguë de bronchospasme. Pour soulager rapidement les symptômes, un bronchodilatateur à action rapide doit toujours être à portée de votre main.

Effets indésirables possibles des bêta$_2$-agonistes, quelle que soit leur durée d'action :
- **tremblements ;**
- **palpitations ;**
- **nervosité ;**
- **insomnie.**

- **L'association des deux**
  Combivent.

On retrouve dans un même aérosol-doseur un anticholinergique et un bêta$_2$-agoniste, ce qui peut faciliter grandement la prise de ces médicaments.

■ *Les bronchodilatateurs en comprimés*

Théo-Dur, Théolair, Phyllocontin, Slo-Bid, Quibron TSR, Somophylline, Cholédyl SA, Uniphyl

Cette fois c'est simple : il s'agit toujours des **théophyllines**. Cette classe de médicaments, moins souvent utilisée, agit principalement sur le muscle bronchique. Pour être efficaces, les théophyllines doivent être prises régulièrement, quelle que soit leur durée d'action. Ainsi, la médication qui a une durée d'action de 24 heures (ex. : Uniphyl) doit être prise au souper alors que la médication dont la durée d'action est de 12 heures doit être prise au déjeuner et au souper. Dans ce cas, il faut respecter le plus possible l'intervalle entre les prises, c'est-à-dire 12 heures.

Les effets indésirables sont généralement dus à une trop forte concentration du médicament dans le sang, de sorte que leur apparition constitue une sonnette d'alarme.

Symptômes d'intolérance ou de toxicité aux théophyllines :

- **perte d'appétit ;**
- **nausées, vomissements ;**
- **tremblements ;**
- **insomnie ;**
- **nervosité ;**
- **palpitations.**

ATTENTION !

Plusieurs médicaments dont certains antibiotiques (ex. : Érythromycine, Biaxin, Ciprofloxacine) augmentent la concentration sanguine de la théophylline. Votre médecin vous conseillera de diminuer la dose de théophylline lorsqu'il vous prescrira un médicament de cette nature.

Les anti-inflammatoires

■ *Les corticostéroïdes ou cortisone en inhalation*

Bécloforte, Flovent, Béclovent, Pulmicort, Vancéril, Asthmacort

Les corticostéroïdes en inhalation, grâce à leur effet anti-inflammatoire puissant sur la muqueuse bronchique, permettent habituellement de bien contrôler les symptômes d'asthme. Par contre, chez les malades souffrant de maladie pulmonaire obstructive chronique, ils se sont révélés moins efficaces et leur utilisation demeure controversée. En règle générale, les corticostéroïdes en inhalation sont prescrits aux malades qui manifestent une hyperréactivité bronchique : leurs bronches se contractent facilement ; on parle alors de bronchospasme.

Les corticostéroïdes en inhalation sont pris en général deux fois par jour de façon régulière. Ils préviennent l'apparition d'épisodes de bronchospasme après une à trois semaines d'utilisation.

Si vous avez des réserves quant à l'usage des corticoïdes, sachez que, pris en inhalation, ils causent peu d'effets secondaires car, sous cette forme, ils sont très peu absorbés par l'organisme.

Effets indésirables possibles de la cortisone en inhalation :

- **infection de la bouche et de la gorge (muguet) ;**
- **irritation de la gorge ;**
- **voix enrouée ;**
- **amincissement de la peau et fragilité des vaisseaux (ecchymoses faciles).**

Dans le but de prévenir ces effets secondaires, on suggère de se gargariser et de se rincer la bouche après chaque utilisation. L'utilisation d'une chambre d'espacement pour prendre l'inhalation peut aussi prévenir ces effets indésirables (voir chapitre IV).

Les corticostéroïdes ou cortisone en comprimés

Prednisone, Deltasone

Lors d'une détérioration rapide et sévère de la condition respiratoire, la cortisone à forte dose prise en comprimés et parfois même par voie intraveineuse est souvent nécessaire pour quelques jours. Lorsque la cortisone par voie buccale est prise pendant moins de 15 jours, on observe habituellement peu d'effets secondaires. Très peu de patients ont besoin de cortisone par voie buccale de façon prolongée.

Effets indésirables possibles des corticostéroïdes en comprimés utilisés à court terme :

- **brûlements d'estomac ;**
- **nausées ;**
- **augmentation de l'appétit ;**
- **modification de l'humeur ;**
- **augmentation du sucre dans le sang ;**
- **augmentation de la tension artérielle.**

Les effets secondaires consécutifs à l'emploi prolongé de la médication sont nombreux mais dépendent beaucoup de la dose utilisée.

Effets indésirables possibles lors de l'utilisation prolongée de corticostéroïdes en comprimés :

- **susceptibilité aux infections ;**
- **gain de poids ;**
- **œdème (gonflement) des membres inférieurs ;**
- **faiblesse musculaire ;**
- **ostéoporose (os fragiles) ;**
- **diabète et hypertension artérielle ;**
- **amincissement de la peau et fragilité des vaisseaux (ecchymoses faciles) ;**
- **cataracte.**

ATTENTION !

L'usage à long terme des corticostéroïdes pris par la bouche supprime la production par l'organisme de nos propres hormones stéroïdiennes qui sont essentielles. C'est la raison pour laquelle il faut toujours cesser cette médication de façon progressive. On ne peut arrêter brusquement d'en prendre sans risquer des complications sérieuses, telles que chute de tension artérielle, grande faiblesse, état de choc, etc.

NE CESSEZ JAMAIS BRUSQUEMENT LA PRISE DE CORTISONE

En somme, pour vous soigner adéquatement, soyez convaincu que :

- la prévention est sous votre contrôle ;
- les bronchodilatateurs doivent être pris selon vos besoins ;
- parfois, les anti-inflammatoires pourront être utiles.

Maintenant, que faut-il penser des antibiotiques, des sirops et de l'oxygène ?

4. Les autres mesures thérapeutiques

Les antibiotiques

En raison de perturbations de leur système de défense contre les infections des voies respiratoires, les personnes atteintes de maladie pulmonaire obstructive chronique souffrent souvent de bronchites ou de pneumonies. Il est important de consulter votre médecin dès les premiers signes d'infection.

Soyez attentif aux signes d'infection :

- **augmentation de la toux ;**
- **augmentation des expectorations ;**
- **expectorations colorées ;**
- **fièvre et/ou frissons.**

Pour éviter que l'infection de vos bronches persiste ou revienne, il est extrêmement important de prendre les antibiotiques prescrits au complet conformément à l'ordonnance de votre médecin. Vous ne devez surtout pas cesser la médication avant terme, même si votre état s'est nettement amélioré.

Les sirops expectorants et les sirops antitussifs

Les pharmacies proposent de nombreux sirops qui rendent les sécrétions provenant des bronches moins visqueuses et, de ce fait, plus faciles à expectorer. À ce jour, personne n'a cependant démontré leur efficacité. Par contre, certains sirops sont très efficaces pour lutter contre la toux. Les plus efficaces font partie de la classe des **narcotiques** que vous ne pouvez vous procurer sans prescription. Ils sont indiqués pour les malades qui présentent une **toux sèche**, très incommodante, surtout quand elle les empêche de dormir. Par contre, si la toux est productive, c'est-à-dire qu'elle vous permet de cracher, il faut la respecter.

La toux est un mécanisme de défense naturel qui permet de libérer les sécrétions bronchiques excessives. Supprimer le réflexe de la toux lorsque les sécrétions sont abondantes ne peut qu'aggraver votre condition.

L'oxygène

Quel rôle l'oxygène joue-t-il dans le traitement de la MPOC ?

Si vous consultez en urgence ou que vous êtes admis à l'hôpital à la suite d'une détérioration importante de votre condition, il peut arriver que l'on vous donne de l'oxygène. Toutefois, si votre oxygène sanguin demeure à un niveau inférieur à ce que l'on considère comme minimal, une fois ces épisodes maîtrisés, votre médecin vous proposera une oxygénothérapie à long terme à domicile. À ce moment, il faudra prendre l'oxygène plusieurs heures par jour.

Pourquoi l'oxygène ?

L'oxygène, pris quotidiennement durant plus de 15 à 18 heures, a pour effet d'augmenter la durée de vie des malades chez qui la concentration d'oxygène sanguin est jugée insuffisante. L'oxygène aide à prévenir l'insuffisance cardiaque qui se manifeste d'abord par un gonflement (ou œdème) des membres inférieurs.

Par contre, pour la très grande majorité des malades souffrant de MPOC, l'oxygène ne diminue pas leur essoufflement.

Les patients sous oxygénothérapie à domicile doivent profiter des heures où ils ne sont pas reliés à la source d'oxygène pour demeurer actifs, pour sortir et faire de l'exercice. Des appareils d'oxygénation portatifs permettant de recevoir de l'oxygène pendant des activités augmentent l'autonomie des malades.

CHAPITRE IV

COMMENT UTILISER VOTRE INHALATEUR POUR DÉPOSER LE MÉDICAMENT AU BON ENDROIT ?

L'efficacité des médicaments inhalés est liée étroitement à la quantité de médicament déposée dans les bronches. Lorsque l'aérosol n'est pas utilisé de façon appropriée, les particules se déposent surtout dans la bouche et dans la gorge où elles ne servent à rien.

Pour cette raison, il est primordial que vous exécutiez parfaitement la technique d'utilisation des aérosols qui vous sont prescrits. Si cette technique ne vous a pas été enseignée, n'hésitez pas à le demander à un professionnel de la santé. De plus, ne soyez pas surpris si, à l'occasion, on vérifie votre façon d'utiliser votre inhalateur. L'expérience nous a démontré qu'il y a souvent lieu de modifier quelque peu la technique d'utilisation des inhalateurs pour améliorer la pénétration des particules et accroître ainsi l'efficacité du médicament. Il peut arriver que vous aussi vous ayez inconsciemment modifié votre technique.

Bien utiliser l'aérosol pour déposer le médicament au bon endroit.

On verra successivement les dispositifs les plus souvent proposés et comment bien les utiliser pour déposer le médicament au bon endroit.

- L'aérosol-doseur
- L'aérosol-doseur avec chambre d'inhalation
- Le Turbuhaler
- Le Diskus
- L'Aerolizer
- Le nébuliseur

1. L'aérosol-doseur

L'aérosol-doseur est un appareil qui propulse une quantité fixe d'aérosol en fines gouttelettes qui se dispersent dans les bronches lors de l'**inspiration.**

Soulignons au départ que l'on obtient une meilleure pénétration des particules dans les bronches lorsque l'inhalateur est actionné à une certaine distance de la bouche.

Technique de prise de l'aérosol-doseur

1. Retirez le capuchon.
2. Agitez énergiquement l'aérosol-doseur.
3. Tenez l'inhalateur à deux doigts de votre bouche.
4. Expirez lentement par la bouche.
5. Commencez à inspirer et appuyez une fois sur la cartouche ; continuez alors d'inspirer lentement et profondément par la bouche jusqu'à la fin de l'inspiration.
6. Retenez votre respiration pendant 5 à 10 secondes.

Il faut attendre une minute avant de prendre une deuxième inhalation.

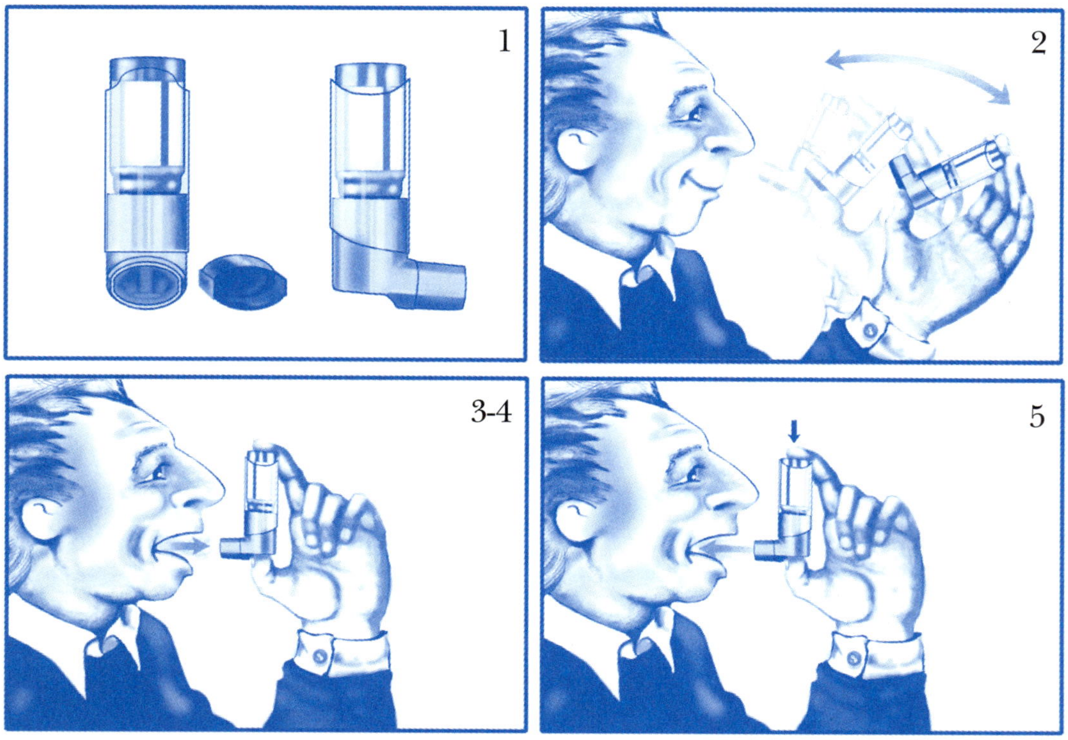

Entretien

L'embout de l'aérosol-doseur doit être nettoyé à l'eau chaude et essuyé avec un linge propre une fois par semaine. Pour vérifier si la bonbonne contient encore du médicament, il suffit d'agiter la cartouche près de votre oreille. Vous devriez alors entendre le mouvement du liquide.

2. L'aérosol-doseur avec chambre d'inhalation

La chambre d'inhalation, souvent appelée tube d'espacement, est un tube assez volumineux qui s'insère entre l'aérosol-doseur et la bouche. Quand on l'actionne, l'aérosol-doseur propulse dans la chambre les fines gouttelettes d'aérosol qui sont ensuite inhalées lorsque la personne inspire.

Ce dispositif a deux avantages :

- permettre d'améliorer la pénétration du médicament dans les bronches chez les personnes qui ne peuvent utiliser correctement l'aérosol-doseur ;
- prévenir l'infection à champignons (muguet).

En effet, les personnes qui prennent des corticostéroïdes en inhalation ont moins souvent de maux de gorge et d'infections à champignons (muguet) lorsqu'elles utilisent régulièrement un tube d'espacement.

Les techniques d'utilisation des différentes chambres d'inhalation sont similaires. À titre d'exemple, voici comment doit être utilisé l'Aérochambre[MD] avec pièce buccale.

Technique d'utilisation de l'Aérochambre

1. Retirez les capuchons de l'aérosol-doseur et de l'Aérochambre.
2. Agitez l'aérosol-doseur.
3. Insérez la pièce buccale de l'aérosol-doseur dans l'orifice situé à la partie postérieure de l'Aérochambre.
4. Enserrez l'embout de l'Aérochambre avec vos lèvres en veillant à ne pas couvrir les orifices situés de chaque côté de la pièce buccale.
5. Commencez à inspirer et appuyez une fois sur la cartouche ; continuez alors d'inspirer lentement et profondément par la bouche jusqu'à la fin de l'inspiration.
6. Retenez votre respiration pendant 5 à 10 secondes, puis expirez lentement.

- Si vous avez de la difficulté à respirer profondément ou à retenir votre souffle, inspirez et expirez normalement à l'intérieur de l'Aérochambre à 3 ou 4 reprises.
- Si vous devez prendre plus d'une inhalation, attendez une minute et répétez le processus.

Entretien

Une fois par semaine vous devez :

- enlever l'embout de caoutchouc de l'Aérochambre ;
- faire tremper les pièces dans l'eau tiède avec un détergent doux et agiter délicatement pour déloger tout résidu ;
- rincer à l'eau tiède du robinet ;
- laisser sécher à l'air ambiant.

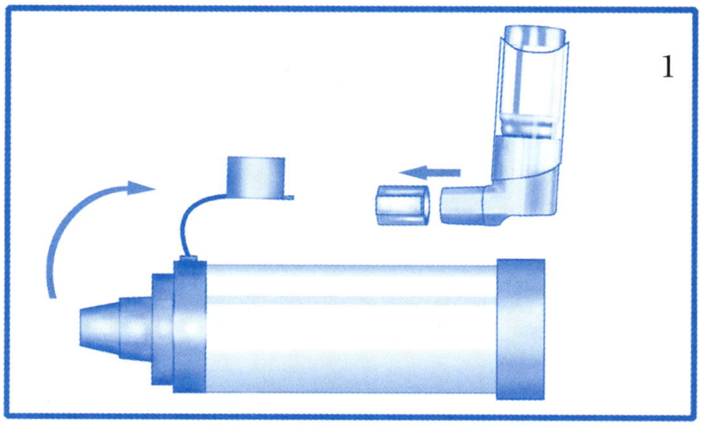

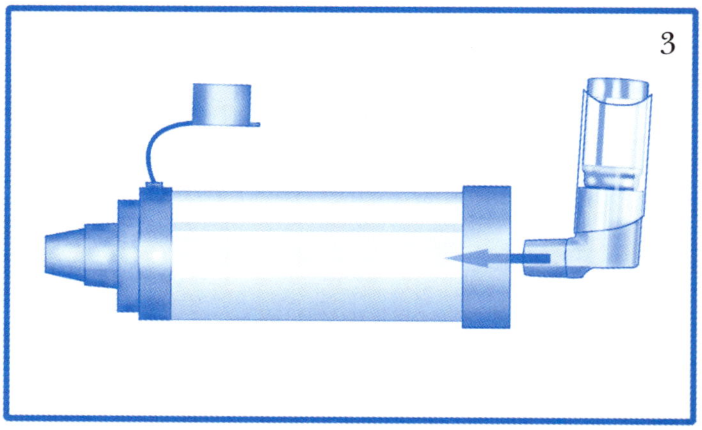

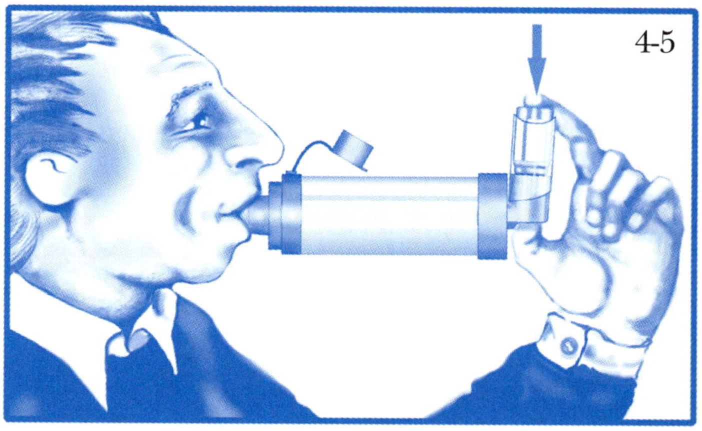

3. Le Turbuhaler[MD]

Le Turbuhaler est un des nombreux inhalateurs qui permettent d'administrer des médicaments sous forme de *poudre sèche.* Cette poudre pénètre dans les voies respiratoires par le seul effet de l'inspiration.

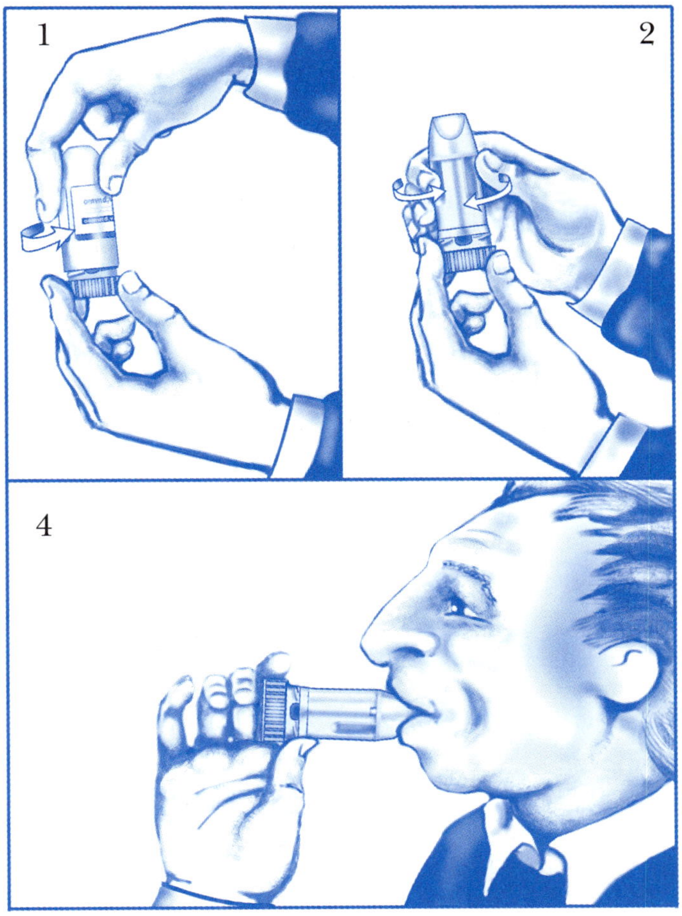

Technique d'utilisation

1. Enlevez le couvercle en le dévissant.
2. Tenez le Turbuhaler[MD] en position verticale et tournez la base (colorée) vers la droite puis vers la gauche jusqu'à ce que vous entendiez un déclic : le dispositif est alors enclenché.
3. Expirez lentement par la bouche.
4. Introduisez la pièce buccale entre vos lèvres, serrez l'embout et inspirez profondément et avec force.
5. Retirez l'inhalateur tout en retenant votre souffle durant 5 à 10 secondes.
6. Expirez lentement.
7. Répétez l'opération pour vous conformer au nombre d'inhalations prescrites.

- Il est important de ne pas souffler dans l'appareil au cours de la manœuvre.
- Rappelez-vous que la médication inhalée sous forme de poudre inodore et très fine peut n'avoir aucun goût et donner l'impression que l'on n'a rien inhalé.

Entretien

L'embout doit être essuyé avec un linge sec trois fois par semaine.

Le Turbuhaler[MD] est vide lorsque la marque rouge atteint le bord inférieur de la petite fenêtre.

4. Le Diskus

Le Diskus est un boîtier qui contient la médication aussi sous forme de poudre. Il est déclenché – et c'est sa particularité – par le fait d'inhaler. De plus, il possède un dispositif qui indique le nombre de doses qui restent dans l'appareil.

Technique d'utilisation

1. Pour ouvrir le Diskus, tenez le boîtier extérieur dans une main et placez le pouce de l'autre main dans le cran prévu à cet effet. Dans cette position, déplacez votre pouce le plus loin possible vers l'arrière.
2. Poussez le levier vers l'arrière jusqu'au déclic.
3. Éloignez l'inhalateur Diskus de votre bouche et expirez profondément.
4. Placez l'embout entre vos lèvres et commencez à inspirer, régulièrement et profondément.
5. Éloignez l'inhalateur de votre bouche, retenez votre respiration pendant 5 à 10 secondes, puis expirez lentement.
6. Placez votre pouce dans le cran prévu à cet effet et ramenez-le vers vous jusqu'au déclic.

Le levier se réenclenche automatiquement et le Diskus est prêt pour une prochaine utilisation.

Entretien

L'embout doit être essuyé avec un linge sec trois fois par semaine.

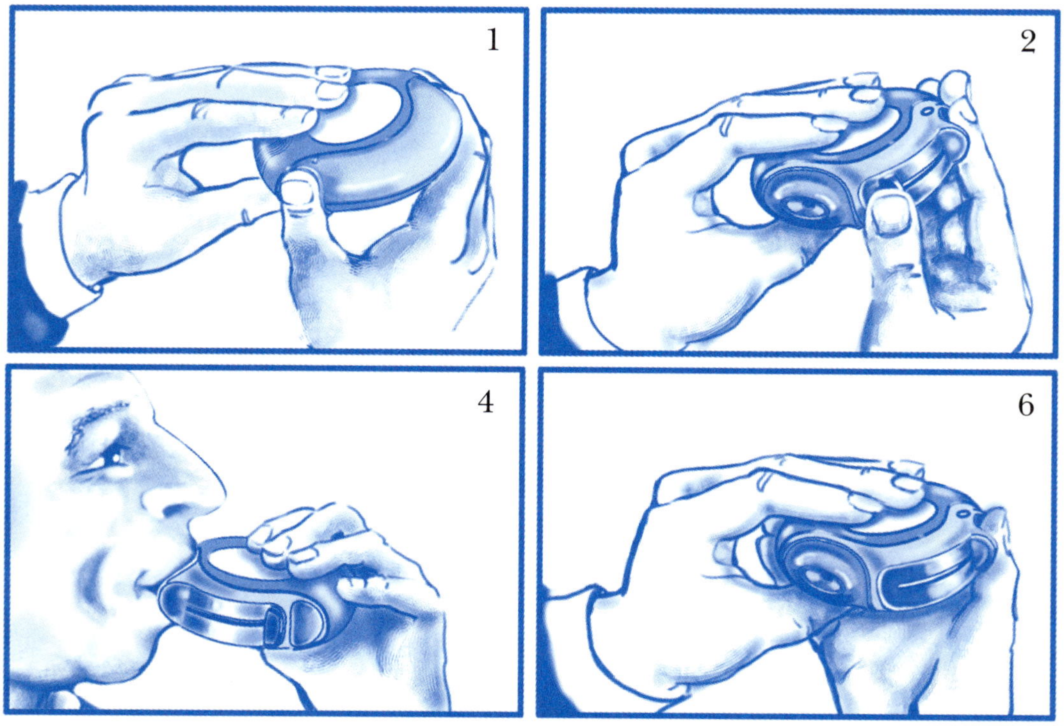

5. L'Aerolizer

L'Aerolizer a été conçu pour administrer la médication sous forme de gélule ou de capsule qui contient la poudre active.

Technique d'utilisation

1. Retirez le capuchon.
2. Pour ouvrir, tenez le socle fermement et faites pivoter l'embout dans le sens indiqué par la flèche.
3. Placez la gélule dans le compartiment situé dans le socle de l'inhalateur et refermez l'embout buccal.
4. Maintenez l'inhalateur en position verticale, appuyez fermement **une seule fois** sur les deux boutons à pression bleus, puis relâchez-les.
5. Expirez à fond.
6. Placez l'embout dans votre bouche, serrez les lèvres autour de l'embout et inspirez de façon progressive aussi profondément que vous le pouvez.
7. Retirez l'inhalateur de la bouche en retenant votre respiration pendant 5 à 10 secondes, puis expirez lentement.
8. Après utilisation, ouvrez l'inhalateur pour vérifier si la gélule est vide. S'il reste de la poudre, refermez l'inhalateur et répétez les étapes 5 et 6.
9. Retirez la gélule vide, fermez l'embout buccal et remettez le capuchon.

Entretien

Afin d'enlever tout résidu de poudre, nettoyez l'embout et le compartiment à gélule avec un linge sec ou avec la petite brosse fournie avec l'Aerolizer.

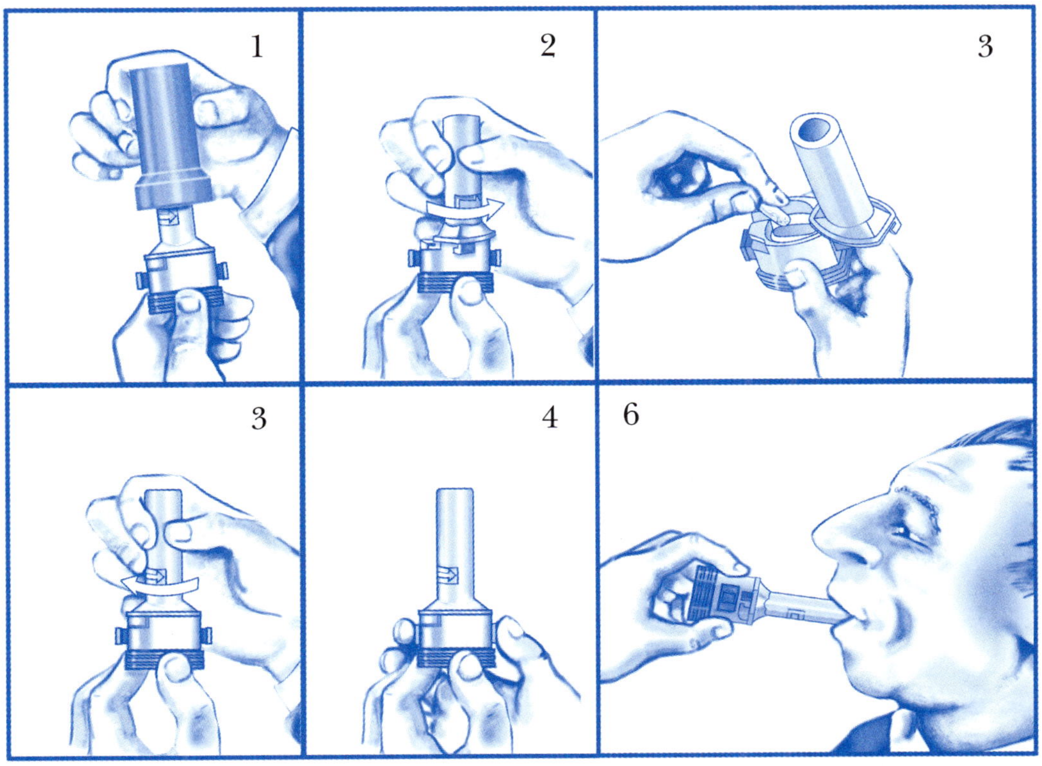

6. Le nébuliseur

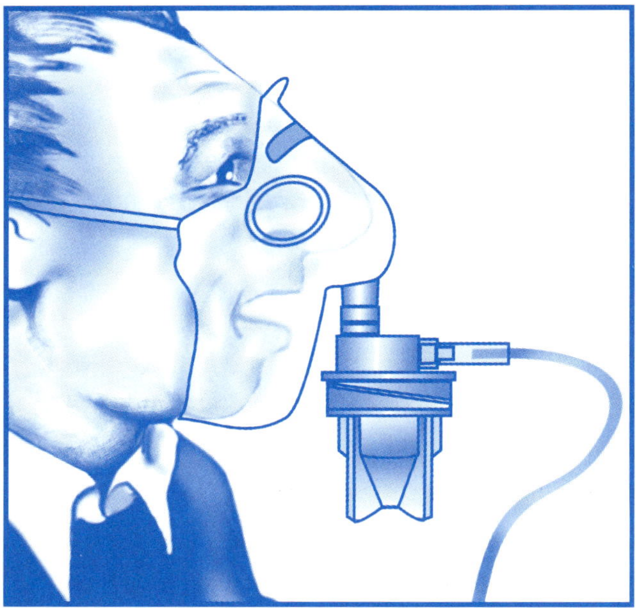

Le nébuliseur est un appareil qui produit un aérosol au moyen d'un gaz pressurisé, air ou oxygène. L'aérosol est alors administré à l'aide d'un masque facial ou d'une pièce buccale. Ce mode d'administration est proposé aux personnes qui sont incapables de manipuler les autres dispositifs (difficultés de coordination, arthrite, etc.). Lors d'une crise d'essoufflement sévère, le nébuliseur peut favoriser une meilleure pénétration du médicament dans l'arbre bronchique. **Mais, en règle générale, la médication administrée par aérosol-doseur ou sous forme de poudre est aussi efficace que lorsqu'elle est administrée par nébuliseur.**

Il est possible que votre médecin vous prescrive un dispositif différent de ceux que l'on vient de décrire. Rassurez-vous, ces appareils ont été évalués et permettent le dépôt dans les bronches d'une quantité suffisante de médicament. Le choix du dispositif reste la décision du médecin et de son patient.

7. Comment prendre plusieurs médicaments en aérosol ?

Les **bêta$_2$-agonistes** à courte action dilatent les bronches en quelques minutes. S'ils doivent être pris sur une base régulière, il est souhaitable de les prendre **5 à 10 minutes avant la prise des autres médicaments** en inhalation. Par contre, les **anticholinergiques** doivent être pris environ **20 minutes avant les corticostéroïdes** puisque leur effet maximal est observé après 20 minutes. Cependant, si vous avez tendance à oublier votre médication, prenez les médicaments à la suite l'un de l'autre.

Les bronchodilatateurs qui, par définition, dilatent les bronches permettent ensuite une meilleure pénétration des corticostéroïdes.

Vous savez sans doute que la majorité des aérosols-doseurs actuels contiennent, outre le médicament, des chlorofluorocarbones (plus couramment appelés CFC) qui ont un effet néfaste sur la couche d'ozone de l'atmosphère. Des appareils nouveaux, dépourvus de chlorofluorocarbones, seront munis d'un dispositif de propulsion quelque peu différent des dispositifs actuels, mais la technique d'utilisation sera à toutes fins utiles semblable. L'aérosol-doseur à courte durée d'action Airomir fait partie de cette catégorie.

Quel que soit l'inhalateur proposé, le plus important est de savoir et de pouvoir l'utiliser de façon correcte.

CHAPITRE V

COMMENT LES EXERCICES PEUVENT-ILS VOUS AIDER À MAÎTRISER VOTRE RESPIRATION ET À AMÉLIORER VOTRE TOLÉRANCE À L'EFFORT ?

1. Pourquoi faire de l'exercice ?

C'est déjà bien assez d'être essoufflé et souvent fatigué ! Les personnes souffrant d'une MPOC sont souvent prises dans un cercle vicieux amorcé par l'essoufflement. En effet, l'essoufflement mène à l'inactivité qui induit une réduction de la masse musculaire par sous-utilisation. Les muscles fondent, il s'ensuit une faiblesse qui rend encore plus inactif...

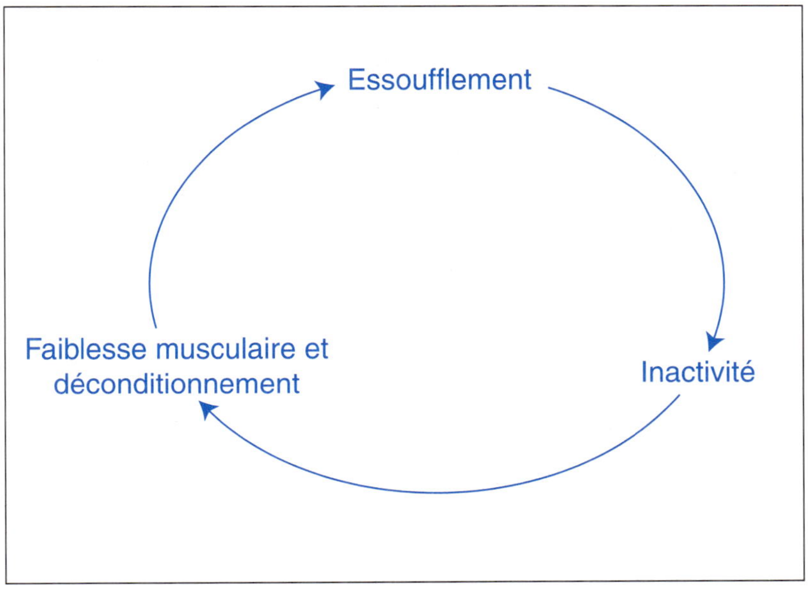

Il est possible de rompre ce cycle par l'exercice ou une activité physique d'intensité modérée mais régulière.

Plus les muscles deviennent efficaces, moins ils ont besoin d'oxygène pour faire le même travail.

Un **programme d'exercices adapté à votre condition** permet d'améliorer votre tolérance à l'effort et de diminuer votre essoufflement. Le programme complet que l'on vous propose comporte des exercices respiratoires et du conditionnement physique.

2. Les exercices respiratoires

Pour que votre respiration soit la plus efficace possible, il faut apprendre à la contrôler en jouant sur trois cordes :

- accroître le volume d'air pris à chaque respiration ;
- diminuer la quantité d'air qui reste dans vos poumons entre deux respirations ;
- augmenter la durée des échanges entre l'air et le sang.

Contrôler votre respiration

Commencez par apprendre la respiration diaphragmatique, puis ajoutez l'expiration lèvres pincées et l'inspiration maximale soutenue.

■ La respiration diaphragmatique

Vous vous souvenez sans doute que le diaphragme est le principal muscle de la respiration. Pour améliorer son efficacité, faites l'exercice suivant :

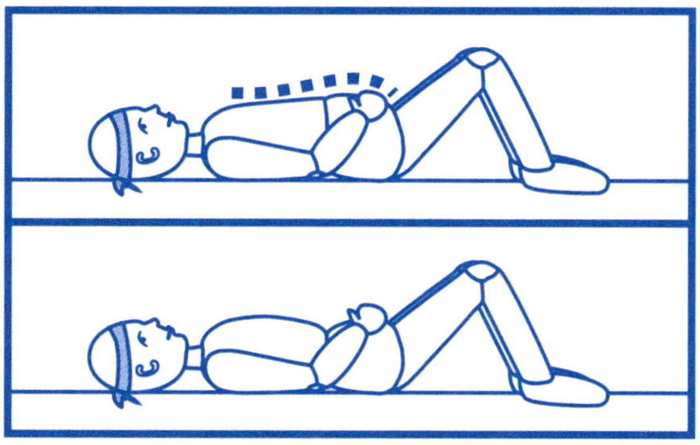

1. Installez-vous en position assise ou couchée et détendez bien vos épaules.
2. Placez les mains sur l'abdomen.
3. Inspirez par le nez en deux temps : 1... 2...
   - percevez le gonflement au niveau de votre abdomen ;
   - gardez le thorax et les épaules détendus.
4. Expirez lèvres pincées lentement : 1... 2... 3... 4... en contractant progressivement les muscles du ventre.

Répétez cet exercice 5 fois de suite et prenez le temps de le faire plusieurs fois par jour.

- Ne jamais forcer pour vider exagérément vos poumons car l'effort physique requis va vous essouffler.
- Si vous éprouvez un étourdissement pendant l'exercice, ne soyez pas inquiet. Prenez quelques respirations normales avant de recommencer.

■ Expiration lèvres pincées

Une expiration lente, lèvres pincées, permet d'augmenter le temps expiratoire et de diminuer la quantité d'air emprisonné dans vos poumons. Parce que cet air captif n'est pas renouvelé, il ne peut servir à ventiler vos alvéoles.

Procédez de la façon suivante :

- Inspirez par le nez lentement et profondément 1... 2...
- Pincez les lèvres comme pour siffler
- Expirez 1... 2... 3... 4...

Expirez deux fois plus longtemps que vous inspirez.

■ L'inspiration maximale soutenue

L'inspiration maximale soutenue consiste à retenir votre souffle, sans le bloquer toutefois, après avoir pris une inspiration profonde. Elle se fait en trois temps :

- inspirez profondément par le nez ;
- gardez l'inspiration 3 secondes **sans bloquer** ;
- expirez par la bouche, les lèvres pincées.

Intégrez ces deux dernières techniques à la respiration diaphragmatique. Lorsque vous maîtriserez les trois volets de la technique de la respiration contrôlée, intégrez-la à vos activités de la vie quotidienne.

Dégager vos voies respiratoires des sécrétions

Lorsque vous êtes embarrassé par des sécrétions bronchiques le matin, par exemple, ou lors d'une grippe, essayez de bien dégager vos bronches, soit par la toux contrôlée, soit par l'expiration forcée.

■ Pour l'exercice de la toux contrôlée :

1. Installez-vous en position assise, légèrement penché vers l'avant.
2. Inspirez profondément en utilisant la respiration diaphragmatique.
3. Retenez votre respiration 3 secondes.
4. Toussez deux fois en ouvrant un peu la bouche.
5. Faites une pause et reprenez 1 ou 2 fois, si nécessaire.

■ Pour l'expiration forcée :

1. Installez-vous en position assise, légèrement penché vers l'avant.
2. Inspirez par le nez.
3. Expirez de façon brusque et saccadée en gardant la bouche ouverte, comme pour faire de la buée sur une vitre.
4. Répétez 1 ou 2 fois, si nécessaire.

- Évitez la toux saccadée qui épuise.
- Contrôlez votre toux au lieu de vous laisser contrôler par elle.
- Une boisson chaude aide au dégagement des sécrétions.
- S'il y a peu ou pas de sécrétions, n'insistez pas car vous risquez d'enclencher une quinte de toux.

Apprivoiser une crise d'essoufflement

Un effort exagéré, une émotion ou une quinte de toux peut, à l'occasion, vous rendre très essoufflé ou entraver votre respiration au point de vous inquiéter. Il faut apprendre à **apprivoiser** une telle crise d'essoufflement et, du même coup, **contrôler la panique** qui en soi peut vous essouffler.

Pour contrôler une telle crise :

1. Installez-vous dans une position de détente (décrite ci-après).
2. Prenez une longue inspiration par le nez, 1... 2...
3. Tenez votre respiration 3 secondes, sans bloquer.
4. Expirez, lèvres pincées, 1... 2... 3... 4...

Répétez au besoin, jusqu'à ce que vous ressentiez un bon confort.

Adopter des positions de détente

Lorsque vous êtes plus essoufflé, vous constaterez que les positions suivantes vous permettront de respirer plus facilement.

- Assis :
  - pieds sur un support
  - tronc vers l'avant
  - coudes sur les genoux
  - menton appuyé dans les mains

- Assis :
  - pieds sur un support
  - tronc vers l'avant
  - bras allongés sur une table
  - tête appuyée sur des oreillers

- Debout :
  - le tronc penché vers l'avant
  - les mains à plat sur les cuisses

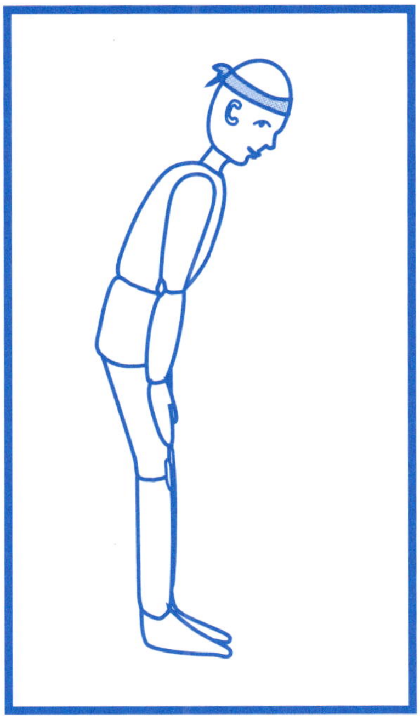

- Debout :
  - tronc penché en avant
  - mains sur un meuble

- Debout :
  - tronc penché en avant
  - coudes sur un appui à hauteur du thorax
  - tête posée sur les avant-bras
  - cou et épaules relâchés

3. Le programme de conditionnement physique

Il est possible d'intégrer des exercices dans la routine de la vie quotidienne. Avec de la discipline, de la persévérance et quelques conseils pratiques, votre qualité de vie s'en trouvera grandement améliorée.

- Réservez quotidiennement au moins 30 minutes pour vos exercices de mise en forme.
- Attendez au moins une heure après un repas pour faire de l'exercice.
- Prenez vos bronchodilatateurs 20 à 30 minutes avant les exercices.
- Consacrez 10 minutes pour réchauffer vos muscles.
- Prévoyez 10 minutes pour la récupération.

Lors des exercices :

- Inspirez par le nez et expirez lentement, les lèvres pincées.
- Relâchez les épaules.
- Videz les poumons.

Les exercices de conditionnement physique se déroulent en cinq étapes :

1. Le réchauffement
2. Les étirements
3. Le renforcement
4. Les exercices cardiovasculaires
5. Les étirements (reprise) et la relaxation

Le réchauffement

Répétez 5 à 10 fois chaque mouvement.

Fléchissez la tête vers l'avant et vers l'arrière.

Fléchissez la tête d'un côté, puis de l'autre.

Tournez la tête à droite et à gauche.

Placez les doigts sur les épaules et faites des cercles avec les coudes dans les deux sens.

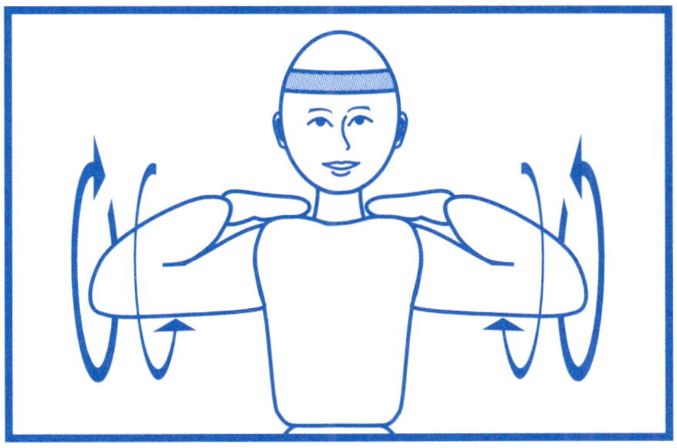

Soulevez puis relâchez les épaules en les portant vers l'arrière.

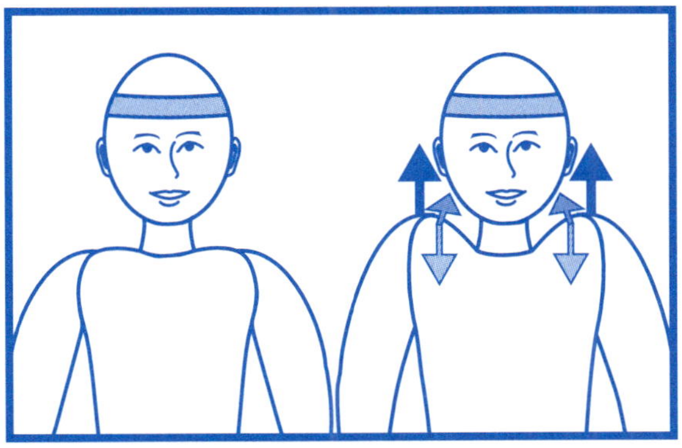

Fléchissez le tronc de chaque côté.

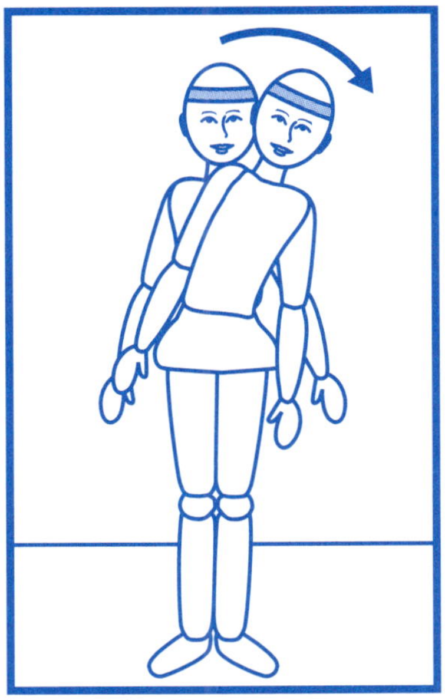

Placez les doigts sur les épaules pour les fixer et faites une rotation du tronc vers la droite, puis vers la gauche.

Marchez sur place.

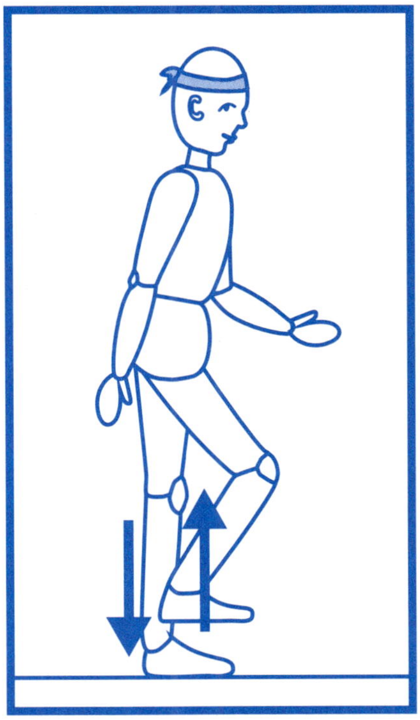

Les étirements

Répétez 5 à 10 fois chaque étirement.

Debout face à un mur, un pied devant l'autre, la jambe arrière est bien tendue et le talon est au sol ; étirez le mollet de la jambe arrière en pliant le genou de la jambe avant.

Maintenez la position 10 secondes, puis relâchez.

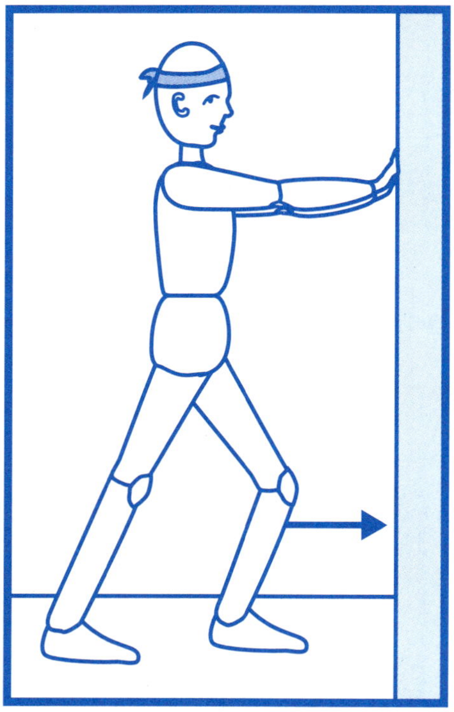

Debout, le dos bien droit, pliez le genou et saisissez le pied avec la main du même côté ; tirez le genou vers l'arrière.

Maintenez la position 10 secondes, puis relâchez.

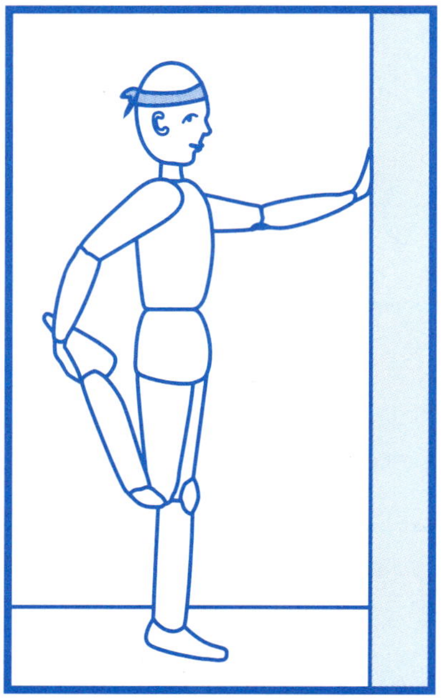

Debout, prenez votre coude d'une main et tirez-le doucement devant vous vers l'épaule opposée.

Maintenez la position 10 secondes, puis relâchez.

Les exercices de renforcement

Répétez 20 fois chaque exercice en inspirant en faisant le mouvement et en expirant en revenant à la position de départ.

Les membres supérieurs

Assis ou debout (des poids peuvent être utilisés), les bras pendants le long du corps :

1. Levez les bras vers l'avant jusqu'à la hauteur des épaules en gardant les coudes bien étendus.

   Redescendez lentement.

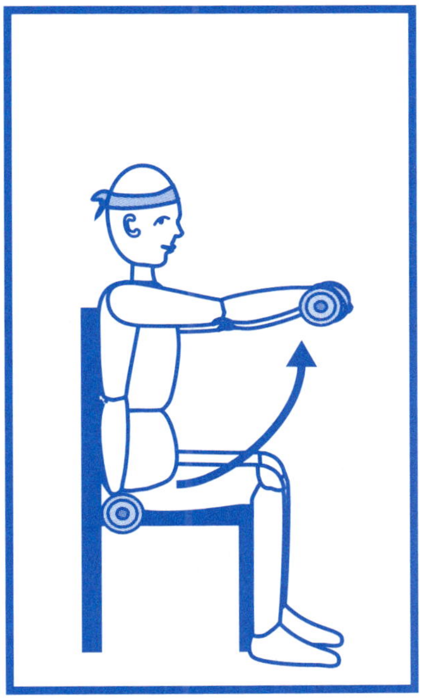

2. Levez les bras sur le côté jusqu'à la hauteur des épaules. Gardez les coudes bien étendus.

   Redescendez lentement.

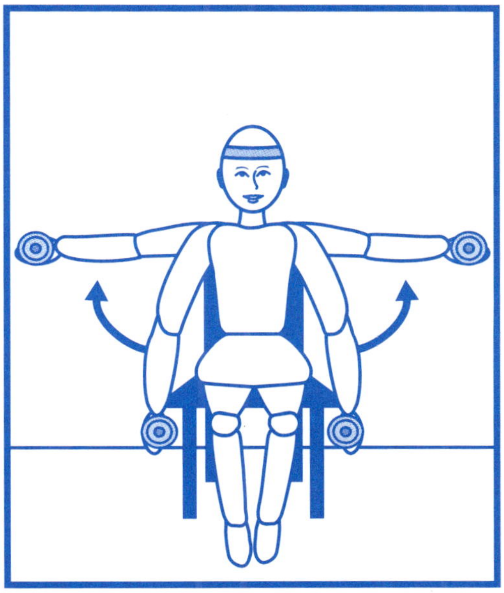

3. Fléchissez les deux coudes et étendez-les lentement.

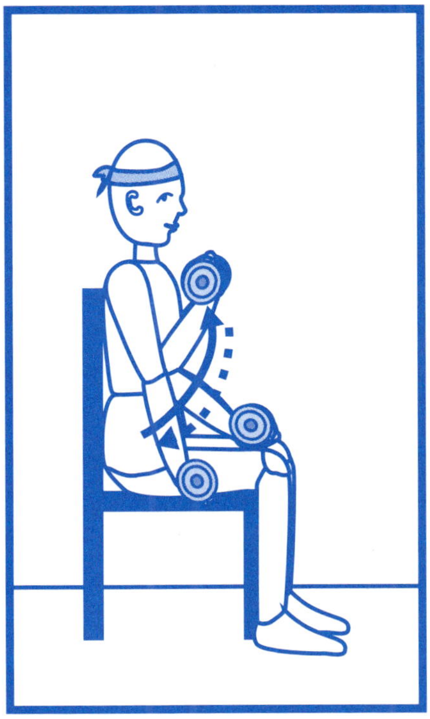

Les membres inférieurs

Chaque exercice se fait une jambe après l'autre.

- Assis (des poids peuvent être placés aux chevilles) :
  - Étendez le genou en montant le pied vers le haut.
  - Maintenez cette position pendant 5 secondes et redescendez lentement.

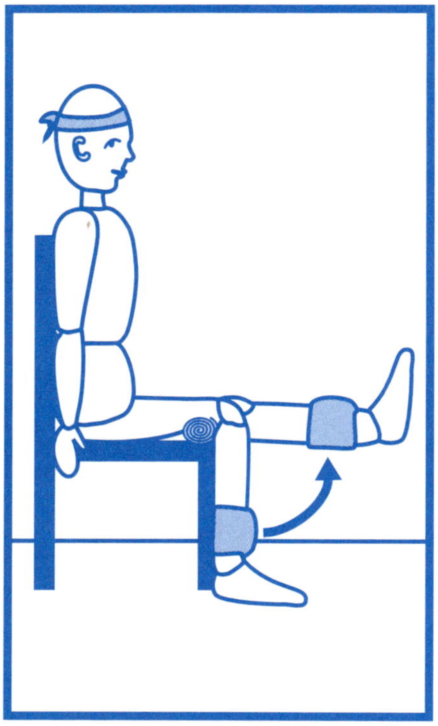

- Debout, les mains en appui sur le dossier d'une chaise :
  - Fléchissez les genoux. Maintenez cette position pendant 5 secondes et relevez-vous lentement.

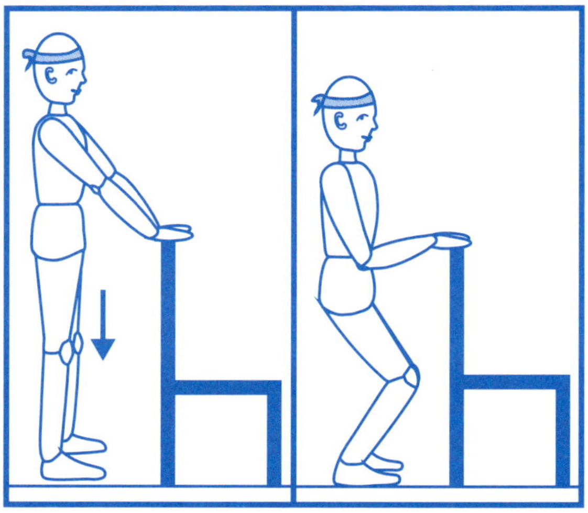

  - Dressez-vous sur la pointe des pieds et redescendez lentement.

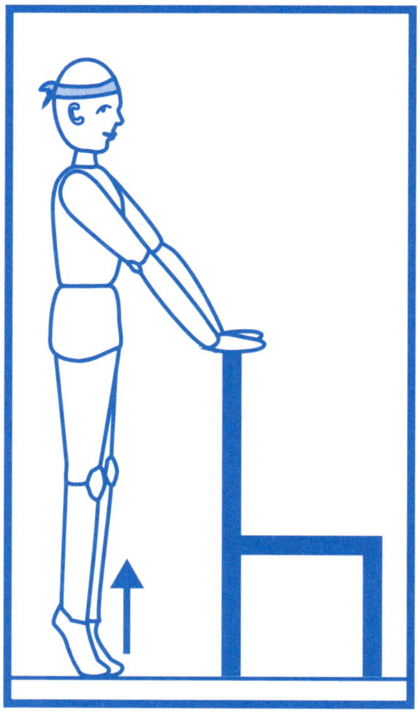

Les exercices cardiovasculaires

Les exercices cardiovasculaires s'intègrent bien à vos activités puisqu'il s'agit surtout de la marche et de la montée (raisonnable) des escaliers.

La marche

La marche est une activité simple, efficace et agréable qui peut s'intégrer naturellement à vos activités quotidiennes.

- Par mauvais temps, choisissez un centre commercial ou un magasin à grande surface, en évitant les périodes d'achalandage.
- Portez des vêtements confortables.
- Prenez vos bronchodilatateurs en inhalation 30 minutes avant de sortir.
- Commencez votre marche-promenade en vous rendant aussi loin que vous le pouvez, sans être trop essoufflé.
- Prévoyez pouvoir vous asseoir pour vous reposer puis revenez à votre point de départ.
- Essayez d'aller un peu plus loin chaque jour.
- Mesurez de temps en temps la distance que vous pouvez parcourir durant 3, 4 puis 6 minutes. Le fait de constater vos progrès vous encouragera.
- Augmentez la distance parcourue et votre vitesse de marche selon la perception de votre effort mesuré par l'échelle de Borg (maximum 4). L'échelle de Borg et son usage vous sont présentés à la fin de ce chapitre.

OBJECTIF : MARCHE DE 20 MINUTES, 3 À 5 FOIS PAR SEMAINE.

Durant la marche :

- **Détendez bien les muscles des bras et du thorax.**
- **Marchez à une vitesse régulière.**
- **Inspirez par le nez et expirez 2 fois plus longtemps, les lèvres pincées.**

La montée d'un escalier

La montée d'un escalier peut remplacer la marche ou la bicyclette tout en favorisant le renforcement des muscles de vos jambes.

Choisissez un escalier d'environ 10 marches.

- Montez-le et descendez-le lentement.
- Inspirez par le nez 1... 2... et expirez, les lèvres pincées 1... 2... 3... 4...
- Évitez de bloquer votre respiration.
- Si vous êtes trop essoufflé, arrêtez et reposez-vous.
- Répétez et augmentez la vitesse selon votre perception de l'effort (maximum 4 selon l'échelle de Borg).

La bicyclette stationnaire

Pour l'utilisation d'une bicyclette stationnaire ou ergocycle, vous devez demander conseil.

Avant d'utiliser une bicyclette stationnaire (ergocycle), il est essentiel de consulter votre médecin pour qu'il s'assure que vous puissiez faire cet exercice en toute sécurité. Il est aussi nécessaire de faire une évaluation de votre capacité à l'effort pour déterminer l'intensité des exercices et le rythme de progression qui vous conviennent.

Si aucun spécialiste de l'exercice, physiothérapeute ou éducateur physique, ne peut surveiller votre initiation à l'usage de la bicyclette stationnaire, il serait sage de pédaler sans résistance, en gardant un niveau d'effort modéré (maximum 4 selon l'échelle de Borg).

La mesure de l'effort : l'échelle de Borg modifiée

0	**—**	**Rien du tout**
0,5	**—**	**Très très facile (à peine perceptible)**
1	**—**	**Très facile**
2	**—**	**Facile**
3	**—**	**Moyen**
4	**—**	**Un peu difficile**
5	**—**	**Difficile**
6	**—**	**Plus difficile**
7	**—**	**Très difficile**
8		
9	**—**	**Très très difficile (presque maximal)**
10	**—**	**Maximum**

L'échelle de Borg modifiée permet de chiffrer notre perception de l'effort. Elle a été proposée par un physiologiste suédois dans le but de quantifier le degré d'essoufflement que vous avez atteint lors d'un exercice physique. Vous comprendrez que si l'on ne sait pas comment votre cœur et vos poumons se comportent lors d'un effort important, vous devez être prudent et ne pas dépasser, sur l'échelle de Borg, le degré d'essoufflement que l'on vous suggérera.

Comment utiliser l'échelle de Borg ?

Lorsque vous êtes au repos, l'effort que vous percevez devrait normalement être nul, c'est-à-dire à 0.

En marchant, en montant un escalier ou lors d'une autre activité cardiovasculaire, ne dépassez pas le niveau 4 (un peu difficile).

CHAPITRE VI

COMMENT ÉCONOMISER VOTRE ÉNERGIE AU QUOTIDIEN ?

Pour poursuivre, de façon autonome, les activités de votre vie quotidienne, vous devrez adopter de nouvelles façons de faire, répartir vos activités dans la journée et apprendre à connaître vos limites. Vous allez également, avec le temps, découvrir vos petits moyens à vous. Voici quelques suggestions générales.

1. Faire votre toilette sans vous épuiser et en sécurité

Trois règles d'or :

1. **Avoir tout à la portée de la main.**
2. **Être en sécurité en tout temps et assis aussi souvent que possible.**
3. **Prendre votre temps.**

Conseils pratiques pour prendre votre bain ou votre douche

- **Placer une chaise dans la salle de bain.**
- **Placer un tabouret dans la baignoire ou la douche.**
- **Installer une barre de sécurité au mur.**
- **Utiliser un tapis antidérapant.**
- **Utiliser une douche téléphone munie d'un interrupteur.**

De plus,

- laisser la porte ouverte pour diminuer la chaleur et l'humidité,
- ouvrir le robinet d'eau froide en premier, pour la même raison,
- procéder par étapes et prendre le temps de vous reposer entre chaque étape,
- utiliser un drap de bain ou un peignoir pour vous assécher au lieu de vous essuyer.

Sachant qu'une salle de bain doit être adaptée et sécuritaire et en pensant aux conseils que nous venons de vous donner, pensez-vous que quelques changements à votre salle de bain ou à vos habitudes vous permettraient d'économiser de l'énergie, donc du souffle ?

Prenez le temps d'y penser et de les écrire.

2. Préparer vos repas avec plus de facilité et moins de fatigue

Quatre principes :

1. **Avoir une cuisine bien adaptée pour faciliter votre tâche.**
2. **Prévoir le temps nécessaire pour ne pas être obligé de vous dépêcher.**
3. **Planifier ce que vous allez faire pour éviter fatigue et pas inutiles.**
4. **Vous asseoir pour faire tout ce qui peut se faire assis.**

Conseils pratiques

- **Rassembler à portée de la main tous les ingrédients et les ustensiles nécessaires.**
- **Avoir un tabouret léger et à la bonne hauteur.**
- **Travailler en gardant les bras près du corps.**
- **Utiliser un porte-bagages pour transporter ce qui est lourd, les sacs d'épicerie par exemple.**
- **S'accorder une période de repos après le repas avant de desservir et de laver la vaisselle.**

De plus,

- ranger les articles d'usage courant à portée de la main et à une hauteur entre la taille et les épaules,
- se servir de plats et de chaudrons légers, de poêles à surface anti-adhésive, d'un mélangeur électrique,
- utiliser des napperons plutôt qu'une nappe,
- transporter tous les plats sur la table pour servir,
- préparer des portions supplémentaires de repas que vous congèlerez,
- pour la vaisselle : laisser tremper dans de l'eau chaude et savonneuse pour éviter d'avoir à frotter vigoureusement puis laisser sécher.

À votre avis, votre cuisine mériterait-elle quelques petites adaptations pour être plus fonctionnelle ?

____

____

____

____

____

Quelles tâches plus « essoufflantes » devriez-vous totalement léguer ?

____

____

____

____

3. Ne faire que le ménage nécessaire

Trois clés pour économiser votre énergie et éviter la fatigue et l'essoufflement :

1. **Alterner travail et repos.**
2. **Apprendre à laisser porter.**
3. **Déléguer les tâches trop lourdes.**

Conseils pratiques
- **Répartir l'entretien de votre maison ou de votre appartement sur plusieurs jours.**
- **Transporter les objets sur une table à roulettes.**
- **Demander de l'aide pour certaines tâches répétitives ou qui nécessitent de manier des objets lourds.**

Le ménage

- Nettoyer une pièce à la fois et ne pas la finir à tout prix.
- Éviter les produits domestiques irritants pour les bronches (aérosols, odeurs).
- Épousseter avec un linge humide pour rabattre la poussière.
- Utiliser une brosse à long manche ou une vadrouille pour les planchers et la baignoire.
- Utiliser une pince à long manche pour ramasser les objets.

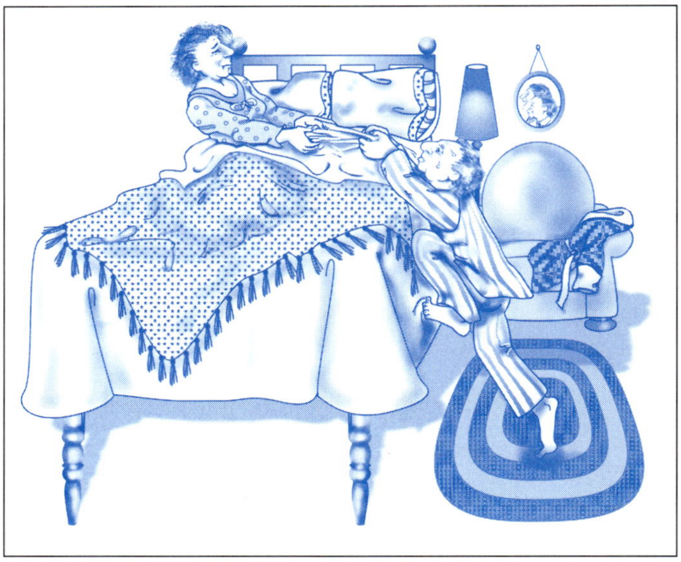

Le lit

- Déplier les couvertures en évitant de les secouer.
- Travailler en étant très proche du lit pour éviter d'étendre les bras.
- Surélever le lit pour le faire plus facilement et pour vous lever et vous coucher sans effort.

Le lavage et le repassage

- Placer une chaise dans la salle de lavage.
- Classer le linge de manière à n'avoir qu'un seul voyage à faire, si possible.
- Privilégier le linge qui ne nécessite pas de repassage.
- Repasser le linge en position assise.

Prenez le temps d'y penser. Quelles habitudes pourriez-vous changer ?

____

____

____

____

4. Faire des sorties agréables et sans peur

Conseils pratiques pour économiser votre énergie et pour éviter la fatigue et l'essoufflement :

- **Planifier vos sorties à l'avance.**
- **Prévoir des périodes de repos durant les sorties.**

– Porter des vêtements légers, confortables, adaptés aux conditions climatiques.

– Porter, au froid et au vent, un foulard devant la bouche ou un masque réchauffant.

– Emporter avec vous votre bronchodilatateur à effet rapide.

– Éviter de conduire votre voiture si vous êtes trop anxieux.

– Éviter les conditions de circulation difficiles, par exemple aux heures de pointe, ou dans de mauvaises conditions climatiques.

– Avant de partir, réchauffer la voiture l'hiver. L'été, il serait bon parfois de la refroidir modérément à l'aide de l'air climatisé.

Vous arrive-t-il de renoncer à des sorties somme toute raisonnables ? Pourquoi ?

____
____
____
____
____

Que pourriez-vous faire pour ne plus y renoncer ?

____
____
____
____
____
____
____
____

CHAPITRE VII

COMMENT MAÎTRISER VOS ÉMOTIONS ?

Vous êtes peut-être de ceux qui ont peur de manquer d'air, voire d'étouffer. Avez-vous du mal à accepter votre maladie ? Êtes-vous souvent triste ou en colère ? Avez-vous tendance à vous isoler ? Rassurez-vous, vous n'êtes pas la seule personne à ressentir ces émotions ou à avoir ces réactions. Beaucoup de malades ayant une MPOC ont connu les mêmes difficultés ; beaucoup les ont surmontées et s'en sont sortis admirablement. Vous pouvez en faire autant si vous le désirez.

1. L'anxiété, la peur

« Pendant longtemps, j'avais peur d'avoir peur ! Avant une activité qui demandait un certain effort, je réagissais comme si j'allais nécessairement me retrouver en détresse respiratoire. J'avais peur. J'ai pris conscience que ma façon de penser me jouait des tours. Maintenant, je me raisonne et je connais suffisamment mes limites pour savoir que, rendu à un certain degré d'essoufflement, je dois m'arrêter et me reposer. Je n'ai plus de raison d'avoir peur et cela ne m'empêche pas de rester prudent. Je ne peux pas tout faire, mais je peux maintenant faire beaucoup de choses sans toujours avoir peur d'étouffer. »

M. Julien Tremblay
64 ans
Camionneur retraité

Pour les personnes souffrant de MPOC, c'est la peur de manquer d'air, la peur de suffoquer qui les rend si anxieuses. **Rappelez-vous que l'essoufflement à l'effort est une réaction normale de l'organisme qui vous met en alerte, mais que ce phénomène ne présente pas de danger en soi.**

Vous vous rendrez compte rapidement, si ce n'est déjà fait, que le repos, la relaxation et l'utilisation de techniques de contrôle de la respiration, respirations lentes et expirations avec les lèvres pincées, ont généralement raison de votre essoufflement et de l'anxiété qui l'accompagne.

Comment éviter ces épisodes d'essoufflement trop intense ?

Avant d'entreprendre une activité nécessitant un bon effort, assurez-vous que votre condition respiratoire est à son meilleur et n'entreprenez cette activité qu'après avoir pris votre bronchodilatateur. En tout temps, utilisez les techniques de conservation d'énergie qui ont été abordées dans les chapitres V et VI. Il ne faut surtout pas que l'anxiété reliée à votre essoufflement vous empêche de demeurer actif et de faire de l'exercice.

Garder une bonne condition physique est absolument nécessaire pour conserver votre qualité de vie.

Si ces épisodes d'anxiété et d'essoufflement augmentent et vous inquiètent au point de diminuer vos activités, n'hésitez pas à consulter votre médecin. Il jugera s'il y a lieu de modifier votre médication pour mieux prévenir ces épisodes d'essoufflement.

2. L'état dépressif

« Quand mon médecin m'a appris que je souffrais d'emphysème, je ne l'ai pas pris. Mais lorsqu'il m'a annoncé que je devais quitter mon emploi et faire ma demande d'invalidité, ce fut le coup de grâce. Un choc terrible. Je ne m'y attendais pas. Dans les jours qui ont suivi, j'ai réalisé tout ce que cela voulait dire. Je me suis mis à pleurer..., seul dans ma chambre. Graduellement, je me suis mis à descendre la pente, à me sentir envahi par toutes sortes d'idées noires. Je voulais en finir. Plus rien ne m'intéressait. La vie ne valait plus la peine. Je me suis rendu très bas. Je n'arrivais pas à dormir, je n'avais plus faim, je jonglais tout le temps avec de drôles d'idées.

Heureusement que j'ai eu un bon réseau de soutien autour de moi pour m'aider. Mon médecin m'a aidé à faire le point avec moi-même et j'ai réalisé que tout n'était pas fini. J'ai appris à penser à moi et à cesser de me demander l'impossible. J'ai appris à rire et, surtout, j'ai redécouvert certaines activités que je trouvais très agréables, par exemple un bon repas entre amis ou une soirée au cinéma. Je crois que je vais reprendre ma collection de timbres abandonnée depuis si longtemps. Je me sens revivre. Que cela est réconfortant. »

M. Claude Grandmont
60 ans
Entrepreneur électricien

Vous avez de la difficulté à accepter de quitter votre vie professionnelle, de restreindre vos activités, de ne plus faire tout ce que vous aimeriez faire, de ne plus jouir pleinement de votre santé ? Vous vous sentez inutile et parfois même frustré de ne pas pouvoir accomplir les mêmes choses qu'auparavant ? Cette situation vous rend triste ? C'est normal qu'il en soit ainsi.

Mais attention ! Vous êtes peut-être de ceux qui sont tellement affectés par les conséquences de cette maladie qu'ils ont tendance à être dépressifs.

Il est important que vous et votre entourage puissiez reconnaître cet état dépressif par certains signes :
- **la perte d'appétit,**
- **l'insomnie,**
- **la perte d'intérêt et de motivation,**
- **les idées noires,**
- **les pleurs sans raison,**
- **les changements brusques d'humeur.**

Si ces réactions se prolongent, n'hésitez pas à en parler à vos proches certes, mais surtout à votre médecin.

Quelques conseils à prendre sérieusement, mais avec le sourire :

- **Parlez avec quelqu'un de ce qui vous tracasse**. Cela ne coûte pas cher et cela fait du bien. De plus, si vous décidez de consulter, vous aurez déjà fait un bon bout de chemin.
- **N'exigez pas trop de vous-même et fixez-vous des buts réalistes.** C'est souvent vous-même qui mettez la barre trop haute car vous n'êtes pas habitué à vous dorloter. Être un « surhomme » c'est déjà difficile quand on est en bonne santé, alors quand on est malade...
- **Faites des activités agréables**. Succès et plaisir ne sont pas incompatibles.
- **Freinez les pensées négatives qui vous envahissent**. C'est incroyable combien le tourbillon des pensées négatives peut s'accélérer sans bon sens.

3. La diminution de l'estime de soi et l'atteinte de l'image corporelle

« Avec la maladie, j'ai dû diminuer mes activités et parfois même abandonner des projets qui me tenaient à cœur. Par contre, je ne me suis pas laissée aller ! J'ai retroussé mes manches ; j'ai fait l'inventaire de ce que j'étais encore capable de faire pour me fixer des petits projets réalistes et réalisables. J'ai même décidé de faire du bénévolat. Ma vie a changé. Le moral est meilleur. J'ai le sentiment d'être utile aux autres. Je me sens aimée et appréciée pour ce que je suis et ce que je fais. Je réalise de plus en plus que j'ai encore de la valeur à mes yeux et aux yeux des autres. Cela fait du bien à l'ego. »

Mme Simone Verret
56 ans
Technicienne de laboratoire
Invalide

Vous avez l'impression d'être inutile et de ne plus valoir grand-chose ? Votre apparence a changé, vous êtes couvert de bleus et vous avez perdu du poids ? OUPS ! Votre fierté et votre orgueil en prennent un coup. En somme, vous ne vous aimez plus beaucoup, en tout cas plus assez.

Vous vous sentez ainsi parce que les changements provoqués par une maladie chronique affectent l'estime que l'on a de soi-même.

L'estime de soi, c'est l'image positive que l'on a de soi-même, image reliée entre autres à nos réussites, à notre rendement et à notre apparence.

Malheureusement, à cause de la maladie, vous avez probablement mis de côté plusieurs activités. Vous avez peut-être perdu un travail que vous aimiez. Vous avez le sentiment de ne plus être le père, le conjoint ou l'ami que vous étiez. Pire, vous avez le sentiment d'être à la remorque des autres. C'est pour cela que l'estime que vous aviez de vous-même en a pris un coup.

L'estime de soi peut-elle se reconstruire ?

L'estime de soi est fondamentalement l'idée que l'on se fait de soi et, peu importe sa condition, il est toujours possible de se donner des raisons d'être fier de soi. Comment, me direz-vous ?

Apprenez à vous connaître davantage :

- **Prenez conscience de vos qualités, de vos intérêts, de vos goûts et de vos besoins.**
- **Aimez-vous pour ce que vous êtes.**
- **Fixez-vous des buts réalistes, réalisez des projets.**
- **Soyez fier de vos réussites et de vos réalisations.**
- **Participez à des activités sociales ou récréatives.**
- **Entourez-vous de personnes que vous aimez.**

Le secret, c'est d'être conscient du pouvoir que l'on a sur nos goûts, nos activités, nos valeurs en dépit de tout ce qui limite **en apparence** notre vie. Des choix sont toujours possibles : à vous de les faire.

Ce sera peut-être une occasion de réaliser des choses négligées pendant toutes ces années où vous aviez si souvent la sensation de manquer de temps.

4. L'isolement social

« Quand la maladie nous enlève des capacités et parfois le goût de vivre, il est tentant de se replier sur soi, de s'apitoyer sur son sort et de s'isoler. Heureusement, mes proches m'ont encouragé et m'ont aidé à exprimer ce que je ressentais. Je suis même devenu membre d'un groupe de soutien : l'Association des handicapés respiratoires de Québec. Je ne me doutais pas du bien que cela me ferait. Personne ne peut comprendre autant ce que l'on vit que ceux qui souffrent de la même maladie. J'ai reçu beaucoup de réconfort dans cette association. Cela fait du bien de se sentir écouté et de savoir qu'on peut parler ouvertement de ses peurs et de ses soucis sans craindre d'être incompris ou jugé. Ces rencontres m'ont fait sortir de mon isolement. On me l'a dit souvent, plus on s'isole, plus on risque d'entretenir des idées noires. »

M. Michel Carter
70 ans
Fonctionnaire retraité

Êtes-vous de ceux qui ont coupé tous les ponts, qui se retrouvent plus souvent qu'autrement seuls dans leur coin et qui ne veulent plus voir personne ?

- Certaines personnes s'isolent :
  - par fierté personnelle,
  - en raison de l'image qu'elles projettent,
  - par peur d'être un fardeau pour les autres.

- D'autres cessent toute activité sociale parce qu'elles ont peur de suffoquer lorsqu'elles sont en groupe ou lorsqu'elles s'éloignent de leur domicile.
- D'autres, enfin :
  - se sentent incomprise de leur entourage,
  - craignent d'être l'objet de remarques désobligeantes,
  - ont peur de passer pour des paresseux.

Pour éviter l'isolement :
- **Ayez au moins une personne avec qui vous vous sentez à l'aise pour parler de vous et avec qui vous gardez un lien privilégié.**
- **Devenez membre d'un groupe de soutien. En effet, le fait de partager vos difficultés avec des personnes atteintes de la même maladie peut d'abord vous rassurer et sera souvent d'un grand réconfort.**
- **Vérifiez auprès du CLSC de votre localité s'il peut vous aider à trouver un soutien moral ou une aide concrète.**

Rappelez-vous que l'important n'est pas tant la quantité de contacts humains que leur qualité. Le simple fait de pouvoir parler de ce que l'on vit, de partager ses craintes, est souvent salutaire.

5. Les émotions de ceux que vous aimez et qui vous entourent

« Maintenant que Claude et moi connaissons mieux sa maladie et qu'on se parle plus souvent, je suis moins inquiète de le laisser prendre plus de responsabilités et je respecte mieux ses limites. Je sais aussi que c'est bon pour lui car il a moins le sentiment d'être un handicapé.

S'occuper d'une personne malade peut être très exigeant pour les proches. J'ai réalisé dernièrement que j'étais en train de m'épuiser à essayer de tout faire pour lui. Je prenais les bouchées doubles pour en faire le plus possible à la maison. Vous savez, quand je le voyais essoufflé, ça m'inquiétait.

Aujourd'hui, les choses ont changé. Je me suis affirmée. Il doit apprendre à devenir responsable de lui dans la maladie, et moi, j'ai appris à ne pas me mettre tout sur les épaules. Si je m'épuise, je ne pourrai plus l'aider du tout ! »

Mme Annette Robitaille,
épouse de
M. Claude Beaupré
58 ans
Commerçant

L'équilibre du couple est souvent menacé par tous les changements physiques et psychologiques qui s'opèrent chez l'un des conjoints ; des difficultés dans la relation avec les enfants peuvent aussi survenir. Tout comme vous, vos proches sont affectés par votre maladie et par les changements qu'elle provoque sur vous. Eux aussi doivent composer au quotidien avec ces changements.

Vos proches se posent beaucoup de questions à votre égard.

- Êtes-vous affecté par cette maladie grave, irréversible ? Quoi vous dire ? Quoi faire ?
- Comment vous encourager à faire certaines activités sans vous harceler ?
- À quel moment vous inciter à ralentir ou à cesser vos activités ?
- Quand doivent-ils vous inciter à consulter ?

En somme, ils hésitent souvent entre : vous stimuler ou vous dorloter.

Vous vous êtes sans doute aperçu à quel point votre conjoint ou vos proches deviennent anxieux lorsque vous présentez une crise d'essoufflement. Votre conjoint s'éveille peut-être la nuit pour vérifier si vous respirez toujours. Certains conjoints sont portés à surveiller les moindres gestes, à interpréter les moindres signes et à surprotéger les malades. Ils ont souvent tendance à vouloir tout faire à la place du malade comme si celui-ci était « totalement invalide ».

Aider un malade, c'est aussi lui laisser sa part d'autonomie et de responsabilités.

De votre côté, n'oubliez pas que :

- vos proches doivent aussi faire le deuil de votre belle santé d'antan et de projets communs qui ne sont plus réalisables ;
- vivre avec une personne malade oblige parfois les proches à assumer davantage de responsabilités : assurer seul les revenus de la famille, s'acquitter des travaux ménagers, des travaux physiques, voir à l'éducation des enfants, etc. ;

- à force de tout assumer seul, votre conjoint risque de s'épuiser.

Quelques conseils :

- **Parlez à votre conjoint : partagez vos craintes, vos attentes et vos besoins.**
- **Si certaines réactions de vos proches vous incommodent, parlez-en avec eux rapidement avant que ne s'installe un grand malentendu.**
- **Prenez conscience des difficultés que vivent les membres de votre famille et discutez-en avec eux.**
- **Cherchez une aide extérieure, chez vos proches ou chez vos amis ou parmi les membres d'une association, par exemple.**
- **Consultez les professionnels des CLSC.**

La maladie pulmonaire obstructive chronique provoque beaucoup de changements chez la personne et beaucoup de réaménagements dans la relation avec ses proches. Changer des habitudes et des façons de faire n'est pas facile. S'adapter exige du temps, de la patience, de la compréhension et du soutien mutuel. Ne vous découragez pas. Le changement peut être vu comme une source de stress mais aussi comme une occasion d'entreprendre de nouvelles activités, de découvrir de nouveaux intérêts, de réapprivoiser un peu plus de loisirs qui vont améliorer votre qualité de vie et modifier vos rapports avec vos proches.

Changer comporte une décision, celle de se prendre en main avec l'aide d'un bon réseau de soutien. Avez-vous décidé ce que vous allez faire ?

CHAPITRE VIII

POURQUOI ET COMMENT VOUS DÉTENDRE ?

1. Pourquoi savoir relaxer ?

Comme bien d'autres personnes, vous vivez des tensions, des frustrations et parfois des moments de stress. En ce qui vous concerne, tout cela se répercute sur votre respiration. Monsieur Jacobson, un physiologiste de Chicago, a mis au point une méthode simple qui permet de se détendre en 15 minutes. Cette méthode de relaxation peut se faire au lit, étendu sur le divan dans le salon ou même installé confortablement dans votre fauteuil préféré. Jusqu'à ce que vous ayez bien assimilé l'ordre des étapes de cette technique, vous pouvez demander à quelqu'un de vous lire les étapes à haute voix pour vous guider. Durant ces 15 minutes de relaxation, certains aimeront écouter, soit une musique de leur choix, soit une musique de détente, qu'on trouve facilement chez un disquaire. La musique crée un conditionnement qui favorise la détente. D'ailleurs, la méthode de relaxation Jacobson, texte et musique, est vendue sur cassette.

Prévoyez chaque jour quelques minutes pour relaxer. Pourquoi pas après vos exercices ?

Une méthode de relaxation

1. Prenez lentement dix respirations profondes et expirez, les lèvres pincées. Imaginez que vous relaxez un peu à chaque expiration.
2. Concentrez-vous d'abord sur votre cuir chevelu. Bougez-le puis relâchez-le. Ressentez-vous des picotements au niveau de la tête ?
3. Pensez maintenant aux muscles de votre visage et relâchez-les. Laissez aller toutes les tensions du visage.
4. Levez légèrement les épaules, puis baissez-les lentement en expirant. À mesure que les épaules s'abaissent, prenez conscience de la sensation de détente qui s'installe. Votre cou, vos épaules et votre poitrine sont détendus, décontractés.
5. Cette décontraction se répand maintenant dans vos bras et jusque dans vos doigts. Ils sont si détendus qu'ils vous semblent lourds.
6. Prenez cinq respirations lentes et profondes. À chaque respiration, vous devenez de plus en plus détendu.
7. Maintenant, relâchez la paroi abdominale. Faites le ventre mou. Ressentez comme ces muscles se détendent, se laissent aller.
8. Inspirez en contractant les muscles de vos jambes et expirez en les relâchant. L'agréable sensation de détente envahit tout votre corps.
9. Relevez vos orteils, mais juste un peu car vous êtes tellement détendu. Laissez-les redescendre.
10. Il ne reste aucune tension.

Ressentez-vous le calme qui vous habite ? Goûtez ce calme et cette paix. Prenez quelques minutes pour jouir de cet intense état de relaxation.

Pour intégrer les étapes de cette méthode de relaxation, affichez au bon endroit l'aide-mémoire que vous trouverez en annexe à la fin du livre.

CHAPITRE IX

COMMENT BIEN VOUS ALIMENTER POUR MIEUX RESPIRER ?

Il n'est pas question ici de vous parler de diète, de poids idéal ni de guide alimentaire. Nous voulons juste attirer votre attention et vous donner quelques conseils à propos de quatre questions qui reviennent fréquemment :

- Vous avez maigri sans vraiment le vouloir.
- Vous êtes inconfortable, voire essoufflé, après chaque repas.
- Vos pieds enflent depuis quelque temps.
- Vous pensez que vous êtes trop gros.

Cesser de maigrir pour conserver votre énergie

Vous êtes peut-être de ceux qui ont maigri depuis le début de leur maladie. La raison de cette perte de poids n'est pas toujours évidente. Il peut s'agir d'un manque d'appétit ; peut-être aussi que le travail supplémentaire demandé à vos muscles respiratoires fait en sorte que vous brûlez une quantité excessive de calories. On ne sait toujours pas exactement pourquoi un certain nombre de patients souffrant de MPOC ont tendance à maigrir. Quelques-uns vont jusqu'à présenter un certain degré de malnutrition par manque de protéines ou d'autres éléments essentiels. Mais, quelle qu'en soit la cause, chez une personne amaigrie, la masse musculaire devient moins importante, de sorte qu'elle s'épuise plus rapidement à l'effort. Cet épuisement rapide s'applique aussi aux muscles respiratoires, en particulier le diaphragme dont vous connaissez maintenant l'importance pour bien respirer.

Si vous êtes de ceux qui ont perdu du poids, n'attendez pas pour en parler à votre médecin. En modifiant certaines de vos habitudes alimentaires, en prenant au besoin des suppléments, vous pourrez parfois, avec l'aide d'un ou d'une nutritionniste, corriger les déficiences les plus importantes et cesser de maigrir.

Avoir moins d'air dans l'estomac pour en mettre plus dans vos poumons !

Les personnes qui ont de la difficulté à respirer ont souvent tendance à « avaler de l'air en mangeant ». L'estomac se gonfle et, de ce fait, empêche le diaphragme de s'abaisser normalement. En réduisant ainsi la course du diaphragme, on peut comprendre que le volume d'air qui pénètre dans les poumons diminue. Cette diminution, même peu importante, est mal tolérée par un patient souffrant de MPOC.

Quelques conseils pratiques si vous vous sentez trop « gonflé » après le repas :

- Mangez lentement.
- Prenez 5 ou 6 petits repas au lieu de 3 gros repas par jour.
- Évitez de mâcher de la gomme et d'utiliser des pailles pour boire.
- Évitez les boissons gazeuses.
- Évitez les aliments qui ont tendance à produire des gaz (fèves sèches, chou, brocoli, chou-fleur, choux de Bruxelles, etc.).

Regarder vos pieds pour surveiller votre cœur

Ce n'est pas une blague et voici pourquoi. Le fait de manquer de souffle donne un peu plus d'ouvrage à votre cœur. On vous l'a probablement déjà dit.

Par ailleurs, le sel qui se trouve partout dans votre organisme favorise la rétention d'eau. Cette rétention d'eau augmente le volume circulant (dans vos vaisseaux), ce qui surcharge la pompe (le cœur). Quand la pompe ne fournit pas suffisamment, le surplus de volume (eau et sel) s'en va dans les tissus. Quand vos pieds enflent, ils vous disent que votre cœur se fatigue et il faut diminuer le sel.

Quelques conseils pratiques :

- Ajoutez du sel raisonnablement pour cuire vos aliments mais ne mettez pas de salière sur la table.
- Évitez les aliments riches en sel.
- Par contre, ne mangez pas sans saler du tout car vous allez perdre le goût de manger et ainsi maigrir.

Perdre du poids pour économiser votre souffle

Le fait d'être « bien enveloppé » exige de votre cœur, de vos poumons et de vos muscles des efforts supplémentaires, donc une plus grande consommation d'énergie qui vous demande plus de souffle.

De plus, comme la graisse aime beaucoup se nicher dans l'abdomen, elle limite un peu les mouvements du diaphragme. Quand le diaphragme est bloqué vers le bas, le volume inspiré est plus petit. Donc, vous avez besoin de plus de souffle mais vous disposez de moins de volume : cela va mal !

Vous avez déjà sans doute essayé de perdre du poids et vous savez que ce n'est pas toujours facile. Parlez-en à votre médecin qui, si vous êtes d'accord, vous fera rencontrer un ou une spécialiste en nutrition.

- **Sachez que perdre du poids n'est pas toujours aussi difficile qu'on le prétend.**
- **Associez le plaisir de manger à la qualité plutôt qu'à la quantité.**
- **Faites-vous plaisir.**
- Prenez le temps de préparer une bonne petite bouffe : il n'y a rien de mieux pour se mettre en appétit.
- Reposez-vous avant de manger.
- Prenez vos bronchodilatateurs, si nécessaire.
- Ne buvez pas trop pendant le repas.
- Mangez vos aliments préférés.

CHAPITRE X

COMMENT VIVRE VOTRE SEXUALITÉ ?

Une histoire d'amour

« Je m'appelle Madeleine. Depuis plusieurs mois, je suis désemparée car Paul, mon compagnon de vie depuis 30 ans déjà, n'est plus le même. Je le sens loin de moi ; il ne vient plus me chercher et, depuis cinq ou six mois maintenant, nous n'avons pas fait l'amour : nous ne nous sommes même pas caressés. J'ai tenté de lui en parler ; il m'a dit que je me faisais des idées et que ce n'était pas important puis, très mal à l'aise, il a changé brusquement de sujet. Je sais bien qu'avec l'âge les relations amoureuses sont différentes, moins fréquentes qu'au temps de notre jeunesse et qu'elles s'expriment autrement. La "performance" n'est pas toujours au rendez-vous.

J'ai oublié de vous dire que, depuis deux ans, mon Paul est de plus en plus essoufflé. Il y a huit mois son médecin, après lui avoir fait passer de nombreux examens, nous a appris qu'il était atteint d'emphysème ; c'est une maladie chronique irréversible des poumons. Vous pouvez imaginer combien cette nouvelle nous a secoués. Au bout de quelques semaines, Paul commençait à accepter un peu sa condition lorsqu'un ami, au cours d'une partie de pêche, lui a affirmé que "faire l'amour augmentait la pression artérielle et le rythme cardiaque et que c'était bien dangereux pour quelqu'un qui a déjà les poumons malades".

Dangereux, c'est le mot que Paul a employé. Je ne suis pas du genre à croire n'importe quoi venant de n'importe qui, ni à laisser flotter une situation qui me dérange.

Comme je savais que Paul n'aborderait pas la question avec son médecin et que je suis moins timide que lui pour aborder ces sujets, lors de la dernière visite je suis entrée dans le bureau avec lui. Pendant que Paul boutonnait sa chemise, je me suis lancée : "Vous savez, docteur, il y a une chose qui ne marche pas bien entre nous. Au lit, je veux dire sur le plan sexuel, il ne se passe plus rien..." Paul s'est retourné vers moi, m'a regardée bouche bée, rouge de colère, de gêne ou de honte, un peu de tout, je crois. Après quelques secondes de silence, le médecin nous a rassurés. Les rapports sexuels n'ont pas de répercussions fâcheuses sur les maladies pulmonaires, même chroniques et sévères. Il nous a même dit que l'emphysème n'affecte pas en soi la capacité sexuelle. Bien entendu, si le malade est à un stade de la maladie où il est essoufflé au moindre effort, on peut comprendre que le manque de souffle est une limite en soi, mais ce n'est pas le problème de Paul actuellement. Avant même que je pose la question, il a expliqué que les médicaments utilisés pour traiter l'emphysème n'affectent ni le désir ni la performance. Enfin, même s'il ne l'a pas dit très clairement, j'ai compris que le problème était surtout dans la tête de Paul et je crois que c'est un peu vrai. Paul se trouve moins beau, "moins musclé" depuis qu'il a perdu 20 livres. Je le sens souvent anxieux, un peu ailleurs, moins jasant et parfois très préoccupé. Je me demande même s'il n'est pas un peu déprimé. J'ai réalisé alors que l'évolution de nos relations intimes, notre disette sensuelle à nous deux, était probablement liée davantage à sa peur qu'à sa maladie.

Le médecin l'a rassuré et nous a donné quelques conseils, par exemple : prendre soin de nos relations amoureuses, prendre le temps de nous installer bien confortablement et, pourquoi pas, choisir un moment de la journée où Paul est moins fatigué et peu essoufflé. Il lui a même suggéré de prendre ses bronchodilatateurs juste avant. Malheureusement, après cette visite chez le médecin, Paul a fait comme si rien ne s'était passé, il n'en a pas reparlé. J'ai voulu en reparler mais en vain.

Il y a quinze jours, Odette, une amie de longue date, me demande des nouvelles de Paul car elle venait d'apprendre qu'il souffrait d'emphysème pulmonaire, comme elle. J'avais remarqué qu'elle marchait lentement, qu'elle était à bout de souffle après avoir monté un escalier, mais elle semblait bien vivre ainsi... Après avoir longuement parlé de la façon dont elle s'était adaptée à l'emphysème, l'œil un peu coquin, elle m'a demandé : "et entre vous deux, comment ça va ?" Elle m'invitait à parler de nos relations intimes. Odette est un peu comme moi : elle a été élevée avec cinq frères, de sorte qu'elle est très à l'aise pour parler de la sexualité. Elle m'a confié que ses relations avec Charles ont failli mal tourner, mais qu'ils en ont parlé ouvertement et que cela leur a permis d'être de nouveau très heureux ensemble.

Quand Charles et elle ont le goût de se rejoindre, ils y pensent d'avance et elle se prépare à leur rendez-vous. Ce jour-là, elle ne fait presque rien ; elle se repose pour conserver ses énergies. Elle évite de trop manger et garde le petit verre pour "l'après". Elle prend un bain ou une douche avec des mousses parfumées. Avant l'arrivée de Charles, elle essaie de se détendre et fait les exercices de relaxation. Elle prépare une ambiance douce et romantique avec musique, chandelles et autres fantaisies. Pour leurs jeux tendres, elle s'installe confortablement, dans une position qui lui permet d'être bien détendue et utilise parfois les techniques de respiration contrôlée.

J'ai décidé de raconter à Paul cette demi-confidence car, pour lui et pour moi, la sexualité a toujours été très importante. Je voulais qu'il sache que je l'aime et je voulais partager ses craintes, connaître ses envies et ses désirs. Je voulais aussi qu'il connaisse les miens.

Samedi dernier, après une journée particulièrement calme et reposante, j'ai préparé deux petits filets grillés avec des légumes nouveaux, sorti les chandelles et la vaisselle du dimanche. Pour la première fois, nous avons parlé franchement de nous, de notre tendresse, de nos désirs et de notre avenir. C'était tellement agréable de pouvoir enfin se retrouver. Je vous laisse deviner la suite... »

Que retenir de cette touchante histoire d'amour ?

- **Souvenez-vous que la maladie et son traitement n'affectent en soi ni le désir ni la performance sexuelle,**
- **choisissez le bon moment,**
- **reposez-vous avant,**
- **préparez soigneusement les rendez-vous et créez une ambiance,**
- **prenez vos bronchodilatateurs,**
- **installez-vous confortablement,**
- **faites part à votre conjoint de vos envies et de vos désirs.**

La sexualité dans la vie, c'est important pour le plaisir certes, mais aussi pour ce moment d'intense complicité qu'elle tisse entre deux personnes qui ont encore bien des choses à partager. Pourquoi s'en priver ?

ANNEXES

- **Les services offerts aux personnes atteintes de maladies respiratoires**

- **Des aide-mémoire à afficher**

  Les réchauffements

  Les étirements

  Les exercices de renforcement des membres supérieurs et des membres inférieurs

  L'échelle de Borg modifiée pour mesurer votre effort

  Une méthode de relaxation

  Le tableau récapitulatif des médicaments

LES SERVICES OFFERTS AUX PERSONNES ATTEINTES DE MALADIES RESPIRATOIRES

Plusieurs organismes publics et parapublics se sont donné pour tâche de venir en aide aux nombreux malades pulmonaires. L'Association pulmonaire du Québec, grâce à sa campagne annuelle de levée de fonds (le timbre de Noël), subventionne la recherche, participe à l'éducation des malades et des intervenants et joue un rôle de premier plan dans la prévention des maladies respiratoires.

La section Info-Air de l'Association pulmonaire du Québec, qui regroupe malades et parents, a pour objectifs d'améliorer la condition de vie des malades pulmonaires, de briser leur isolement social et psychologique et de favoriser leur réintégration sociale. On retrouve des groupes de soutien ayant des objectifs similaires dans plusieurs municipalités dont **l'Association des handicapés respiratoires** à Québec.

Les services de soins respiratoires à domicile fournissent des soins spécialisés d'oxygénothérapie, de ventilation et de réadaptation à domicile. Plusieurs CLSC offrent aussi des services de soins respiratoires à domicile, incluant l'oxygénothérapie.

Certains centres hospitaliers offrent aux malades pulmonaires chroniques des programmes de réadaptation respiratoire, sur une base ambulatoire.

Il existe aussi à travers la province de nombreux programmes et cliniques d'aide aux fumeurs rattachés à des centres hospitaliers, des CLSC, des centres de réadaptation, des YMCA, etc.

Votre CLSC et votre centre hospitalier sont en mesure de vous informer sur tous les services offerts dans votre région.

L'Association pulmonaire du Québec a publié récemment le **Répertoire des services offerts au Québec pour les personnes atteintes de maladies respiratoires**, réalisé par monsieur Claude Lanthier de l'Association des handicapés respiratoires de Québec. On trouve dans ce document à peu près toutes les informations pertinentes concernant les services offerts par les organismes gouvernementaux et paragouvernementaux. Vous pouvez vous procurer cette publication en vous adressant à :

L'Association pulmonaire du Québec
4837, rue Boyer, bureau 100
Montréal (Québec) H2J 3E6
Téléphone : (514) 596-0805
sans frais 1 800 295-8111
Télécopieur : (514) 596-1183

LE RÉCHAUFFEMENT
(répétez 5 à 10 fois chaque mouvement)

LES ÉTIREMENTS
(répétez 5 à 10 fois chaque étirement)

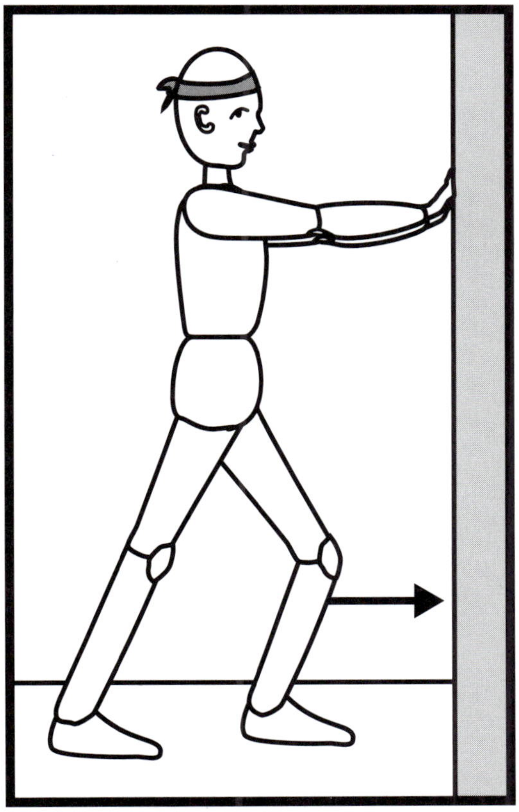

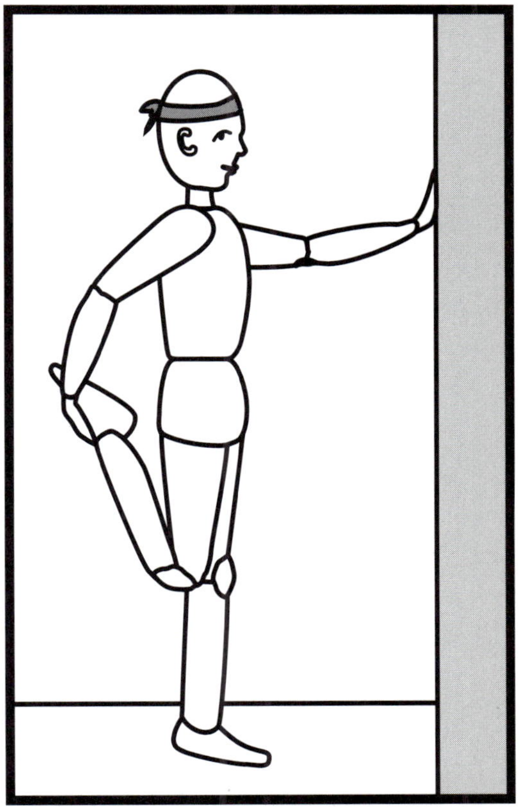

LES EXERCICES DE RENFORCEMENT
(répétez 20 fois chaque exercice)

- **Inspirez en faisant l'exercice**
- **Expirez en revenant à la position de départ**

Membres supérieurs

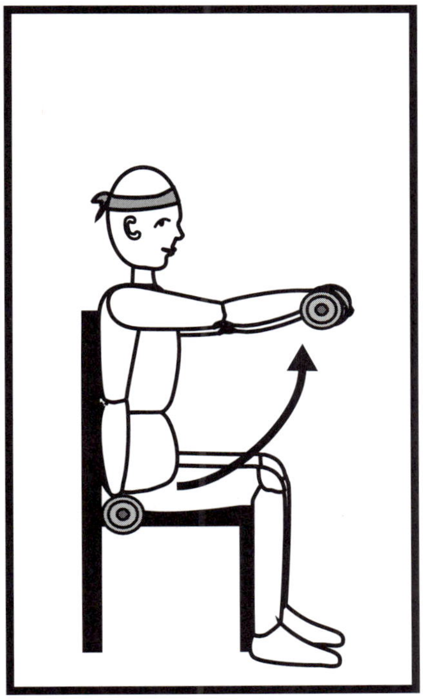

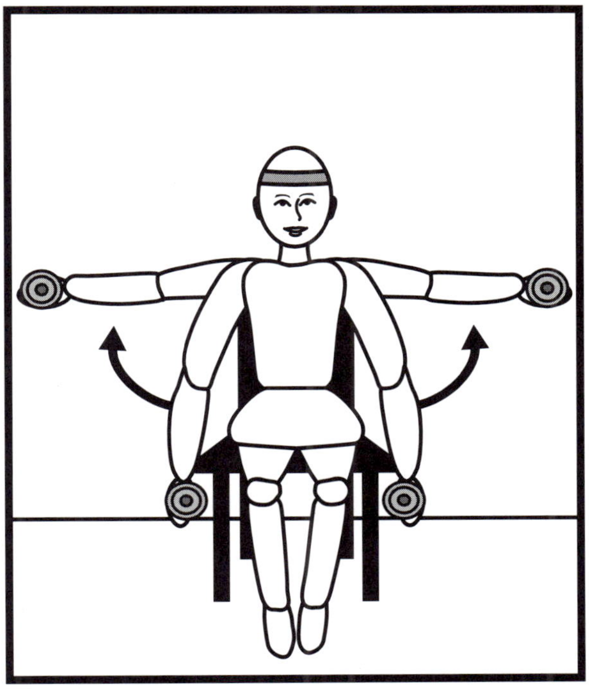

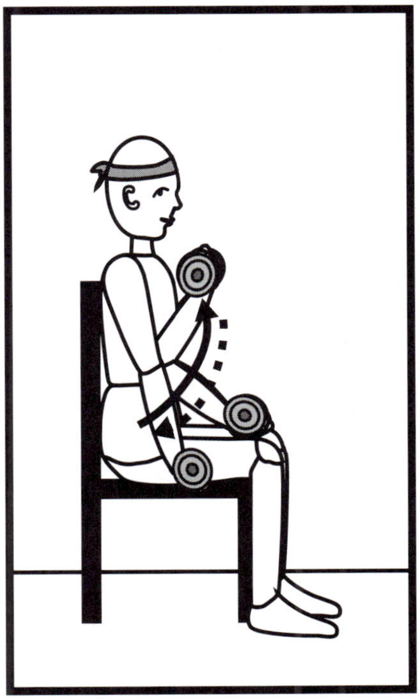

LES EXERCICES DE RENFORCEMENT
(répétez 20 fois chaque exercice)

- **Inspirez en faisant l'exercice**
- **Expirez en revenant à la position de départ**

Membres inférieurs

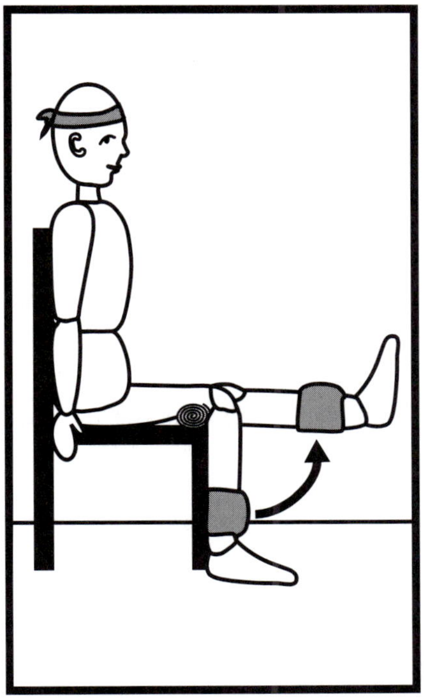

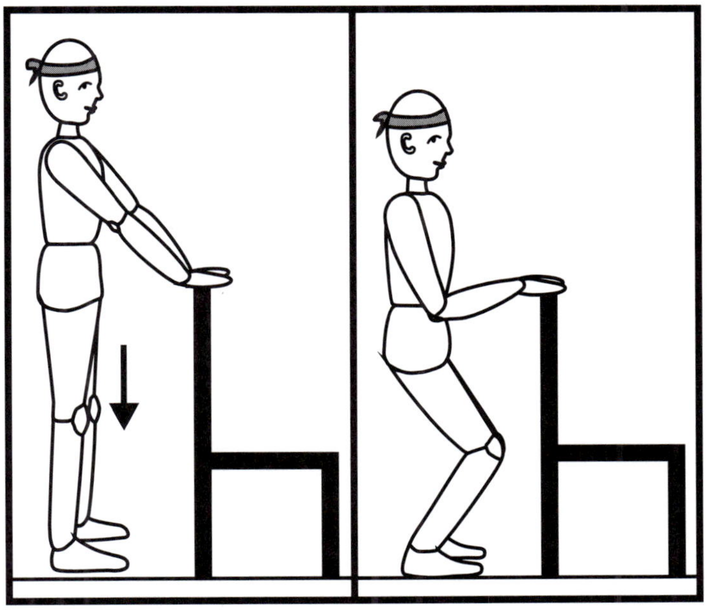

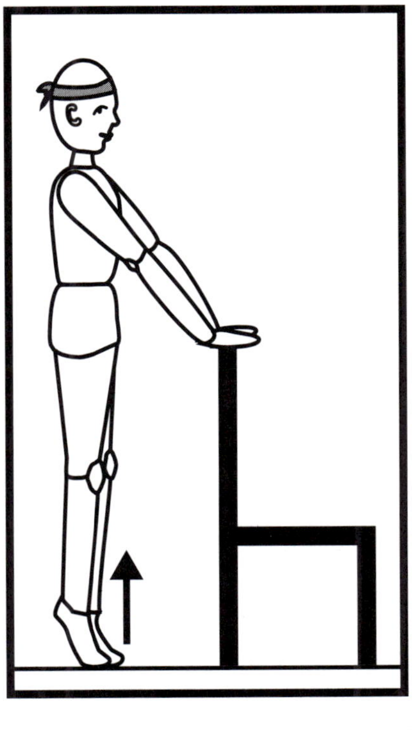

L'ÉCHELLE DE BORG MODIFIÉE POUR MESURER VOTRE EFFORT

0	Rien du tout
0,5	Très très facile
1	Très facile
2	Facile
3	Moyen
4	Un peu difficile
5	Difficile
6	Plus difficile
7	Très difficile
8	
9	Très très difficile
10	Maximum

UNE MÉTHODE DE RELAXATION

1. Dix respirations profondes
2. Le cuir chevelu
3. Le visage
4. Les épaules

   La détente s'installe

5. Les bras jusqu'aux doigts
6. Cinq respirations lentes

   La détente s'amplifie

7. Le ventre mou
8. Les muscles des jambes
9. Les orteils

   La détente vous a envahi

10. Savourez ce calme

Affichez cet aide-mémoire au bon endroit jusqu'à ce que cette méthode de relaxation fasse partie de vous.

TABLEAU RÉCAPITULATIF DES MÉDICAMENTS

Les bronchodilatateurs		
En inhalation	• Les anticholinergiques	*Atrovent*
	• Les bêta$_2$-agonistes	
	– à courte durée d'action	*Ventolin*
		Bérotec
		Bricanyl
		Maxair
		Airomir
	– à longue durée d'action	*Sérévent*
		Foradil
		Oxeze
	• Association des deux	*Combivent*
En comprimés	• Les théophyllines	*Théo-Dur*
		Théolair
		Phyllocontin
		Slo-Bid
		Quibron TSR
		Somophylline
		Cholédyl SA
		Uniphyl

Les anti-inflammatoires : les corticostéroïdes	
En inhalation	*Bécloforte*
	Flovent
	Béclovent
	Pulmicort
	Vancéril
	Asthmacort
En comprimés	*Prednisone*
	Deltasone

AGMV Marquis
MEMBRE DU GROUPE SCABRINI
Québec, Canada
2000